O tesouro oculto do profundo caminho

Um Comentário Detalhado das Práticas Preliminares de Kalachakra

༄༅། །རབ་ལམ་སྟོན་འགྲོའི་ཆིག་འགྲེལ་སྟོན་མེད་རབ་གསལ་སྨུང་བ།

Shar Khentrul Jamphel Lodrö

དཀར་མཁན་སྤྲུལ་རིན་པོ་ཆེ་འཇམ་དཔལ་བློ་གྲོས

Dzokden

Copyright © 2022 Dzokden

Este livro é uma tradução para a língua portuguesa da versão em inglês publicada em 2016 pelo Tibetan Buddhist Rime Institute.

Todos os direitos reservados. Nenhuma parte deste livro, texto ou arte, pode ser reproduzida de forma alguma, eletrônica ou outra, sem a permissão escrita de Shar Khentrul Jamphel Lodrö ou da Dzokden.

ISBN: 978-1-7349115-8-9 (paperback)
ISBN: 978-1-7349115-7-2 (e-book)

Library of Congress Information
LCCN 2021911489

Publicado por:
DZOKDEN

Shylton Dias, o tradutor
Rafael Nassif, assistente de tradução

Esse livro foi produzido pela DZOKDEN, uma associação sem fins lucrativos que tem como meta a manifestação de paz e compaixão no nosso mundo. Para tal, a DZOKDEN cria e distribui materiais de aprendizado de alta qualidade, baseados nos ensinamentos de Kalachakra.

Para mais informações a respeito de nossas atividades ou materiais disponíveis, ou se você deseja fazer uma doação para apoiar nosso trabalho, por favor nos contate:

DZOKDEN
3436 Divisadero Street
San Francisco, California 94123
USA

office@dzokden.org
www.dzokden.org

Conteúdo

Homenagem — ix
Prefácio à Primeira Edição em Língua Portuguesa — x
Introdução — xiii

PARTE UM: AS PRELIMINARES EXTERNAS E A INVOCAÇÃO DA LINHAGEM

1. As Quatro Convicções da Renúncia — 3
2. Breve Invocação dos Mestres da Linhagem Jonang — 11
3. Invocação Completa da Linhagem do Vajra Yoga — 27

PARTE DOIS: AS PRELIMINARES INTERNAS

4. Refúgio e Prostrações — 67
5. Gerando a Mente da Iluminação — 81
6. Purificação de Vajrasattva — 93
7. Oferenda de Mandala — 109
8. Guru Yoga de Base — 123

PARTE TRÊS: AS PRELIMINARES EXCLUSIVAS DE KALACHAKRA E A PRÁTICA PRINCIPAL

9. Prática de Kalachakra Inato — 149
10. Aspiração para Realizar os Seis Vajra Yogas — 165

PARTE QUATRO: DOIS GURU YOGAS ADICIONAIS

11. Guru Yoga de Dolpopa — 177
    Chuva de Bênçãos para os Seis Yogas da Linhagem Vajra
12. Guru Yoga de Taranatha: A Âncora para Coletar Siddhis — 197

Conclusão   213

APÊNDICES

I   A Escada Divina: Preliminares e Prática Principal   219
do Profundo Vajra Yoga de Kalachakra

Sobre o Autor   257

ཕྱི་དབྱིངས་འཁོར་འདས་དག་མཉམ་སྒྱིང་ཁྲེད་ཀྱེ་བ་དགུ་བཅུའི་གསལྭ། །
ནང་དབྱིངས་དྲུག་བཅུ་བོ་དྲུག་ལྔ་ཡི་དཀྱིལ་འཁོར་སྟོང་གཟུགས་ལོངས་སྐུའི་ཞིང་། །
གཞི་དབྱིངས་རྣམ་པ་ཀུན་ལྡན་ཆ་མེད་འཁོར་འདས་ཀུན་ཁྱབ་ཆོས་སྐུའི་དབྱིངས། །
མཐོན་བྱེད་ཐབས་ལམ་ཤུག་གཅིག་རྡོ་རྗེའི་རྣལ་འབྱོར་དང་བསམ་ཡུག་གིས་མཚོན། །
ཐབ་དོན་ཤེས་པ་མེན་ཡང་འདུན་པ་ཡིས། །
ཐབ་མོའི་དོན་ལ་འཇུག་པའི་རིམ་པ་ཙམ། །
གོ་སླ་ཤེས་ཐབས་ཆེག་གིས་འདྲི་སྟོན་གྱིས། །
བྱེས་པའི་དབལ་བ་བསྟེན་ལ་ནོངས་པ་ཆེ། །
ཕྱི་རིག་དུས་ཀྱི་འཁོར་ལོ་འཛམ་གླིང་ཀྱེ་བ་ཕྲག་བཅུའི་ཞིང་། །
ནང་རིག་དུས་ཀྱི་འཁོར་ལོ་རྡོ་རྗེའི་རྩ་རླུང་ཐིག་ལེའི་ཁམས། །
གཞན་རིག་དུས་ཀྱི་འཁོར་ལོ་ཕྱགས་གསུང་སྐུ་ཡི་དཀྱིལ་འཁོར་གསུམ། །
དབྱེར་མེད་བར་དུ་རྟོགས་ལྡན་ནམ་པའི་ཆོས་ལ་སྦྱོང་ནུས་ལོག །

Homenagem

Ao Reino Externo, as 96 milhões de cidades de Shambhala que são a essência do Samsara e do Nirvana;
Ao Reino Interno, a morada Sambhogakaya da mandala da Forma-de-Vacuidade das seiscentas e trinta e seis deidades;
Ao Espaço Básico, o indivisível Reino Dharmakaya que possui todos os aspectos e permeia todo o Samsara e Nirvana;
Com fé nos Vajra Yogas, caminho único e profundo que manifesta realizações, eu presto homenagens.

Embora não seja alguém que conheça o mais profundo dos significados,
Que falha há na aspiração de fazer um esforço para escrever
Palavras de método e sabedoria, facilitando a compreensão
Dos genuínos estágios de entrada nesse profundo propósito?

A Pura Consciência Externa de Kalachakra, os bilhões de mundos desse universo;
A Pura Consciência Interna de Kalachakra, o reino vajra dos canais, ventos e essências;
A Pura Consciência Iluminada de Kalachakra, as três mandalas da mente, fala e corpo;
Até que elas se tornem inseparáveis, que possamos desfrutar do Sagrado Dharma da Era Dourada.

TESOURO OCULTO

Prefácio à Primeira Edição em Língua Portuguesa

Este livro é a tradução inglês-português do comentário de Khentrul Rinpoche Jamphel Lodrö sobre o texto de prática intitulado "A Escada Divina: Práticas Preparatórias e Principal do Profundo Caminho Vajra Yoga", escrito pelo grande erudito e iogue tibetano Jetsun Taranatha (1575-1635). Rinpoche escreveu este comentário em tibetano em apenas alguns dias. Posteriormente, vários estudantes e auxiliares o ajudaram a traduzir o texto para o inglês. A versão inglesa resultante, que é a nossa referência, não é uma tradução literal do tibetano, o que pode ser uma vantagem para nós: o fato de que a tradução do comentário levou em conta questões levantadas pelos próprios estudantes pode evitar mal-entendidos que poderiam surgir entre os praticantes ocidentais.

Quando Rinpoche conheceu os ensinamentos de Jonang como um jovem adulto, ele já havia sido treinado em todas as outras escolas budistas do Tibete. Durante seu retiro de três anos de Kalachakra, o altamente realizado Lama Losang Trinley confiou-lhe então a tarefa de orientar o grupo de monges do retiro na prática dos Seis Vajra Yogas. Impressionado por suas habilidades, Losang Trinley descobriu mais tarde que Rinpoche era um importante tulku (alguém renascido conscientemente) – no caso, do grande iogue do século XIX Chözin Gyatso – e o reconheceu publicamente como detentor da linhagem. Rinpoche foi então, mais tarde, convidado a ensinar como Khenpo no importante Mosteiro Dzamthang Tsangwa. Entretanto, ele só permaneceu nessa posição respeitada por pouco tempo e decidiu propagar o Tantra de Kalachakra pelo mundo afora e torná-lo acessível aos praticantes leigos. Antes de Rinpoche encontrar seu caminho para a Austrália, Sua Santidade o XIV Dalai Lama reconheceu seus esforços como "Mestre Rimê" – mestre não-

PREFÁCIO À PRIMEIRA EDIÇÃO EM LÍNGUA PORTUGUESA

sectário, nesse caso um mestre de todas as escolas budistas do Tibete – e o encorajou a expandir a primeira versão de seu livro "Ocean of Diversity", incluindo diversas tradições espirituais do ocidente.

Esse abençoado texto de prática de Taranatha é explicado aqui por Rinpoche com sabedoria e compaixão indescritíveis. Como nós também tivemos o privilégio de receber esses ensinamentos diretamente dele em suas visitas à Europa e outros locais, é mais do que natural o nosso desejo de criar condições para que esses ensinamentos continuem a ser preservados e colocados em prática. O benefício que desfrutamos de poder estudar o Kalachakra com Rinpoche vai além de palavras. É nosso sincero desejo que essa tradução em língua portuguesa auxilie mais praticantes neste profundo caminho e, assim, contribua para a visão de paz e harmonia que Rinpoche tem para o nosso mundo. Contudo, nós não estamos dentre aqueles que realmente compreendem a profundidade destes ensinamentos. Caso algo tenha sido transmitido de forma pouco clara, ou se forem descobertos erros na edição, seremos gratos por feedbacks.

Que todos aqueles que estiveram direta ou indiretamente envolvidos neste projeto acumulem um enorme potencial positivo através de sua participação e limpem qualquer carma negativo que tenham acumulado. Que através desta excelente prática eles possam finalmente permear o mundo com as mais altas qualidades e realizar os ideais altruísticos desses grandes mestres. "E, ainda assim, onde estão os estudantes maduros, com força e fé, que se engajam continuamente em prática genuína?" – que este apelo, que Rinpoche faz na Conclusão deste Comentário Detalhado, seja respondido em um futuro próximo pelos praticantes de língua portuguesa!

"Não tenha dúvida!" (Taranatha)
Rafael Nassif, assistente de tradução; Shylton Dias, o tradutor; Áustria/Brasil, 2019-21

— *Buddha Shakyamuni* —
O Professor Supremo do Tantra de Kalachakra

Introdução

Este texto apresenta um comentário do texto-raiz de Jetsun Taranatha "*A Escada Divina: Preliminares e Prática Principal do Profundo Vajra Yoga de Kalachakra*". Originalmente escrito no séc. 17, *A Escada Divina* tem sido usada há centenas de anos por incontáveis praticantes Jonang para concretizar suas realizações do Caminho Kalachakra. Ela é um manual de prática conciso que encapsula todas as instruções profundas da tradição como praticadas tanto na Índia quanto no Tibete.

Nesses tempos de lutas e conflito consideráveis é dito que a prática de Kalachakra é particularmente efetiva. Como esses ensinamentos surgiram do reino espiritual de Shambhala, eles estão intimamente ligados ao cultivo da paz e harmonia. Esses ensinamentos são muito raros no nosso mundo, portanto é muito difícil encontrá-los, ainda mais em uma língua que você possa compreender. Embora muitas pessoas tenham recebido iniciações de Kalachakra de grandes mestres, tais como Sua Santidade o Dalai Lama, materiais sobre como praticar são muito limitados. Por essa razão, eu espero que você possa apreciar tanto a raridade quanto a preciosidade deste texto.

O título do manual de prática é "A Escada Divina". Ele é chamado assim porque ele apresenta o profundo caminho para a iluminação de Kalachakra de maneira gradual, passo a passo. Ele inclui todas as práticas preliminares que levam às práticas do Estágio da Completude de Kalachakra, conhecidas como os Seis Vajra Yogas. Com esses métodos extraordinários, é possível atingir completa iluminação dentro de uma única vida humana.

As instruções para essas práticas foram originalmente ensinadas pelo Buddha aos Reis do Dharma de Shambhala, onde elas foram preservadas até eventualmente serem introduzidas na Índia, em torno do décimo século, e logo depois no Tibete. Embora os Seis Vajra Yogas sejam a prática principal do Caminho Kalachakra, para se qualificar para se engajar neles deve-se primeiro completar as *Práticas Preliminares* (ngöndro).

O propósito do Caminho Kalachakra é descobrir a verdade iluminada de nossa realidade, também conhecida como Natureza Búdica. Essa natureza está presentemente escondida de nossa experiência como um tesouro enterrado profundamente, ou uma joia envolta em muitas camadas de entulho. O caminho é concebido para facilitar o processo gradual de remover os obscurecimentos da mente que nos impedem de experienciar essa natureza prístina.

No momento, nossas mentes estão cheias de todos os tipos de conceitos e noções dualistas que distorcem nossa percepção e limitam nossa capacidade. Tudo que nós experimentamos é visto através das lentes dos estados aflitivos da mente tais como orgulho, agressão e ignorância. Através de um caminho budista como o de Kalachakra, e com a ajuda de um guia espiritual autêntico, nós somos capazes de nos treinar para gradualmente soltar essas fixações. Inicialmente isso significa estabelecer uma base ética para a vida, por meio do desenvolvimento de qualidades interiores tais como disciplina, bondade e sabedoria. À medida que nos familiarizamos com essas qualidades, os véus dos obscurecimentos começam a se dissolver, nos permitindo capturar lampejos de nossa natureza fundamental. Quanto mais praticamos, mais finos os obscurecimentos se tornam e mais expansiva pode ser a nossa experiência da Natureza Búdica. O que começa como uma mera gota, eventualmente se torna um vasto oceano. Quando todos os obscurecimentos tiverem sido removidos, você terá atingido a iluminação.

Uma Visão Geral deste Livro

A Escada Divina é dividida em quatro partes principais. As três primeiras partes cobrem as práticas preliminares que são realizadas antes de se engajar na prática principal dos Vajra Yogas. A última parte provê práticas suplementares que são usadas para fortalecer sua conexão com as bênçãos dos dois principais mestres da linhagem da Tradição Jonang.

INTRODUÇÃO

Primeira Parte: As Preliminares Externas e a Invocação da Linhagem

Começamos com as Preliminares Externas que focam o que é conhecido como as *Quatro Convicções da Renúncia*. Essas quatro contemplações nos inspiram a praticar o Dharma com uma resolução forte e um senso profundo de urgência.

Nós então fazemos súplicas aos mestres realizados da *Linhagem Vajra Yoga* para extrair inspiração da transmissão ininterrupta dos ensinamentos Kalachakra.

Segunda Parte: As Preliminares Internas

Antes de nos engajarmos nas práticas do Tantra Budista, é vital estabelecer as qualidades necessárias que serão o suporte das práticas mais avançadas. Estas práticas formam uma base comum a todos os sistemas de Yoga Tantra Superior, tais como o Kalachakra. No Tibete, os praticantes tradicionalmente realizam estas práticas intensivamente por um dado período de tempo para poder criar familiaridade com elas. Elas incluem:

1. *Tomar Refúgio e Fazer Prostrações* para assegurar que estamos no caminho correto e confiando em fontes válidas de proteção.

2. *Cultivar Bodhicitta* para estabelecer uma motivação firme de atingir a iluminação para o benefício de todos os seres sencientes.

3. *Purificação de Vajrasattva* para limpar as propensões negativas de nossas mentes.

4. *Oferenda de Mandala* para acumular vastas reservas de mérito que serão necessárias para atingir realizações.

5. *Prática de Guru Yoga* para unificar nossas mentes com as qualidades iluminadas do Buddha.

Sem desenvolver uma forte familiaridade com essas cinco práticas nós não teremos as condições necessárias para nos engajarmos de forma autêntica no Tantra Budista.

Terceira Parte: As Preliminares Exclusivas de Kalachakra e a Prática Principal

Uma vez que as preliminares comuns tiverem sido completadas, nós estamos então prontos para nos engajar nas preliminares incomuns, que são específicas ao sistema de prática do Kalachakra. Essas começam com a prática do Estágio de Geração de *Kalachakra Inato*, onde o praticante se visualiza na forma iluminada de Kalachakra, se familiarizando com suas próprias qualidades iluminadas. Através desta prática de yoga da deidade, nós aprendemos a nos identificar mais com nossa própria natureza pura, ao invés de com a realidade distorcida que é criada por nossos estados mentais aflitivos. Quando nós tivermos nos familiarizado com essa percepção pura, nós podemos então iniciar as práticas profundas do Estágio de Completude de Kalachakra. Essas práticas proveem meios muito hábeis para se atingir uma experiência direta da nossa própria natureza iluminada e erradicar completamente todas as formas de obscurecimento.

Quarta Parte: Dois Guru Yogas Adicionais

A seção final deste livro é dedicada à duas práticas alternativas de Guru Yoga que são usadas para fortalecer nossa conexão com os mestres da Jonang, *Kunkhyen Dolpopa* e *Jetsun Taranatha*. Mais que quaisquer outros mestres, estes dois seres iluminados são o coração da Tradição Jonang e a fonte de bênçãos incríveis.

Nesse livro o foco será prover um resumo conciso dos pontos essenciais, incluindo uma breve discussão de tópicos que eu acredito que serão benéficos para os praticantes ocidentais. O texto-raiz está apresentado em itálico e é seguido por um breve comentário. O texto completo também está incluído como um apêndice no final desse livro. Se você desejar

INTRODUÇÃO

estudar uma apresentação mais abrangente destas práticas, eu recomendo que você leia o meu livro *Unveiling Your Sacred Truth through the Kalachakra Path*, um conjunto de três volumes que fornece informação detalhada a respeito da filosofia budista que orienta todas estas práticas.

* * *

Ao ler este texto, você deve tentar evitar os três defeitos do pote. Primeiramente, evite ser como um pote emborcado, com a mente fechada, de modo que os ensinamentos não conseguem penetrar. Em segundo lugar, evite ser como um pote furado, retendo pouco do que você lê. E finalmente, evite ser como um pote cheio de veneno, contaminado com preconceito e pressuposições que distorcem a sua compreensão do material.

Ao invés disso, tente aplicar as três sabedorias. Desenvolva a sabedoria do estudo, repassando o material várias vezes. Desenvolva a sabedoria da contemplação, refletindo sobre o significado das palavras a partir de ângulos diversos. E desenvolva a sabedoria da meditação, fundamentando sua compreensão na experiência resultante de realmente se engajar na prática do texto-raiz. Dessa maneira, através de estudo, contemplação e meditação com intenção pura, eu sinceramente espero que você gradualmente venha a descobrir sua própria verdade sagrada da iluminação.

ཨོཾ་ཏུ་ཀླ་མ་ལ་ཥ་ར་ཡོ་སྭཱཧཱ།

PRIMEIRA PARTE

*Preliminares Externas
e Invocação da Linhagem*

— *A Roda da Vida* —
Uma Representação Tradicional da Existência Cíclica

CAPÍTULO UM
As Quatro Convicções da Renúncia

O Caminho Kalachakra para a iluminação começa com a contemplação profunda de quatro tópicos conhecidos como as *Quatro Convicções da Renúncia* ou os *Quatro Pensamentos que Direcionam a Mente para o Dharma*. Primeiro nós refletimos sobre a oportunidade oferecida por uma preciosa vida humana de nos engajarmos na prática espiritual. Em segundo lugar, nós refletimos sobre a impermanência de todas as coisas, especialmente na certeza de que nós morreremos e na incerteza a respeito da hora da morte. Em terceiro lugar, nós refletimos sobre a natureza fundamentalmente insatisfatória desta vida e das futuras, fazendo com que nos afastemos de tudo aquilo que conduz ao sofrimento (incluindo o que nós chamamos de felicidade comum). Finalmente, nós contemplamos os ensinamentos do Buddha sobre o carma, que mostram como nós somos diretamente responsáveis por tudo de bom e ruim que acontece conosco nesta e em vidas futuras, abrindo assim uma porta para a possibilidade de seguir um caminho para a liberação.

Enquanto todos esses tópicos são explicados em considerável detalhe no primeiro volume de *Unveiling Your Sacred Truth*, o objetivo aqui é encapsular seu sentido num único verso:

Oh, reflita! Ao longo de incontáveis éons, enfim eu alcancei este precioso nascimento humano, que é tão difícil de conseguir e tão fácil de perder. A hora da morte é incerta e as condições que levam à morte estão além da minha compreensão; este precioso corpo pode morrer ainda hoje! Assim, eu devo abandonar todas as preocupações mundanas que me mantém atado(a) ao Samsara, incluindo todas as não-virtudes e os pesados crimes hediondos. Ao invés disso, eu devo usar o pouco tempo que me resta de forma sábia e praticar o Dharma com urgência, refletindo nos benefícios da liberação.

De acordo com os ensinamentos do Buddha, nós todos estamos envolvidos em um ciclo constante de sofrimento e incerteza que se estende por todo o processo de nascimento, velhice, doença, morte e renascimento. Ao contrário de nossa crença limitada de que estamos no controle, cada momento de nossa experiência é dominado por nossas propensões cármicas, incluindo nossos estados emocionais e seus objetos. Nós vivemos, portanto, num estado de angústia e incerteza, nunca sabendo o que vai acontecer, presos por nossos sentimentos de expectativa, medo e outras emoções que tomam controle de nós. Mesmo um delicioso sorvete tem o potencial de causar insatisfação quando derrete ou deixa uma marca desagradável em nossa roupa; ele também pode se tornar uma fonte de aversão ou nos deixar doentes quando comemos em excesso. Isto é o que é compreendido como o sofrimento fundamental ou a natureza insatisfatória da vida, que leva a um processo chamado de existência cíclica – ou "Samsara" em sânscrito. Esse processo nos condena a experimentar dor e sofrimento repetidamente, e está ligado ao movimento da roda de um moinho ou uma mosca presa em um jarro fechado.

Não há começo para esse ciclo do Samsara e ele apenas termina quando nós eliminamos nossa ignorância a respeito da verdadeira natureza da realidade. Essa ignorância se refere ao fato de que nós nos agarramos a uma ideia distorcida de nós mesmos como sendo "reais" e estando "no controle", quando na verdade a natureza da realidade é impermanente e não há qualquer "pessoa" realmente existente que controla tudo. Uma vez que nós abandonamos essa ideia de um eu sólido, não há mais qualquer solo firme para nossas emoções e carma continuarem nos influenciando sem escolha, um momento após o outro ou de uma vida após a outra. Libertar-se desse ciclo é o que queremos dizer com a palavra "liberação".

Como seres humanos, nós temos a capacidade maravilhosa

AS QUATRO CONVICÇÕES DA RENÚNCIA

de compreender a natureza de nosso sofrimento. Baseado nesse reconhecimento, um precioso nascimento humano nos dá a oportunidade de praticar o Dharma de forma pura e subsequentemente alcançar a liberdade. Nós teremos capacidade de seguir o caminho do Buddha enquanto possuirmos o conjunto excepcional de oito liberdades e dez vantagens. Isso inclui certas condições externas, tais como ter nascido em um lugar onde os ensinamentos do Buddha são acessíveis, e condições internas, que basicamente tem a ver com ter um estado mental propício.

Essas condições, no entanto, são muito difíceis de serem conseguidas uma vez que elas dependem de uma grande quantidade de mérito acumulado por muitas vidas a partir de ações tais como manter uma disciplina ética pura. Para ilustrar a raridade desse nascimento humano, o Buddha contou a história de uma tartaruga cega que vive no fundo do oceano, subindo para a superfície apenas uma vez a cada cem anos. Ele disse que a chance de um nascimento humano é mais raro do que a chance daquela tartaruga emergir no exato momento para a sua cabeça passar através de um anel de madeira que é jogado para um lado e outro pelas ondas. Alcançar todas as liberdades e vantagens é ainda mais raro que isso.

Agora que nós de fato alcançamos este precioso nascimento humano, é crucial que usemos ele não apenas sabiamente, mas urgentemente, uma vez que ele é extremamente fácil de ser perdido. Ele é de fato tão raro que essa pode ser facilmente a nossa única oportunidade de atingir a liberação. A quantidade de tempo que ainda temos nesta vida para praticar o Dharma é extremamente imprevisível, uma vez que o momento da morte é incerto e as condições que levam à morte estão além de nossa compreensão. Mesmo atividades da vida diária tais como ir para o trabalho, fazer jardinagem ou fazer compras são todas causas potenciais de morte. Raramente ocorre às pessoas considerar se o que virá primeiro será o dia seguinte ou a morte. Portanto, nós devemos abandonar todas as nossas preocupações mundanas que são fonte de sofrimento e que nos mantêm atados ao Samsara. Existem *Oito Dharmas Mundanos* que nós normalmente procuramos adquirir ou tentamos evitar: (1) ganho e (2) perda; (3) prazer e (4) dor; (5) reconhecimento e (6) ser ignorado; e (7) elogio e (8) crítica. Ao invés de sermos desviados por estas preocupações mundanas, nós devemos usar nosso tempo sabiamente e tornar o Dharma a nossa prioridade mais importante.

De um modo geral, existem *Dez Ações Não Virtuosas* que você deve tentar evitar. Três são do corpo: (1) matar; (2) tomar aquilo que não foi livremente dado; e (3) conduta sexual indevida. Quatro são da fala: (4) enganar outros por meio da mentira ou de palavras deturpadas; (5) fala divisiva que destrói a harmonia entre os outros; (6) fala agressiva que desnecessariamente diz coisas que são desagradáveis para os outros; e (7) fala inútil, sem propósito e que desperdiça o tempo. Finalmente, existem três que são da mente: (8) cobiça, que deseja aquilo que pertence aos outros; (9) malícia, que deseja o sofrimento dos outros; e (10) manter visões errôneas que distorcem a real natureza das coisas, tais como crer na existência de algo que não existe, negar a existência de algo que existe, e assim por diante. Cada uma dessas ações envolve causar dano aos outros com seu corpo e fala, ou gerar os estados mentais que levarão você a se engajar em tais ações. Portanto, a essência dessa conduta é se manter na não-violência.

Existe também um número de diferentes conjuntos de ações negativas que criam consequências cármicas particularmente pesadas e por isso deveriam ser abandonadas completamente. O primeiro conjunto é conhecido como os *Oito Comportamentos Incorretos*: (1) interromper a oferta de oferendas de fiéis, assim prejudicando sua acumulação de mérito; (2) perturbar as intenções virtuosas dos outros, assim causando dano à mente deles; (3) não ter fé na virtude e depreciá-la (4) aspirar à não-virtude e se regozijar nela; (5) abandonar o vínculo de samaya com o Guru; (6) desencorajar o desejo de seus amigos do Dharma de se libertar do Samsara; (7) transgredir os vínculos de samaya com a deidade Yidam; e (8) abandonar um retiro e prática de mandala. A essência desse conjunto é não abandonar os suportes para se alcançar a iluminação.

O segundo conjunto é conhecido como as *Quatro Ações Graves*. São elas: (1) jurar agir desumanamente; (2) deixar que a disciplina Shravaka degenere e quebrar os votos-raiz pratimoksha; (3) deixar que a disciplina Bodhisattva degenere e quebrar os votos-raiz de Bodhisattva; e (4) deixar que o samaya tântrico degenere e quebrar os votos-raiz tântricos. Essencialmente, isso diz respeito a manter a disciplina ética dos Três Votos.

Outra versão destes quatro foca a forma em que você se engaja em situações cármicas muito importantes. Elas incluem: (1) tomar a prática séria da ordenação com motivação inapropriada; (2) ocupar-se inapropriadamente com os pensamentos sérios dos eruditos; (3) não compartilhar do Dharma por motivos egocêntricos; e (4) desfrutar inapropriadamente da ampla fartura dos praticantes tântricos. Cada uma dessas ações são graves no sentido de que as ações feitas em relação a elas terão um forte impacto em sua mente. É muito importante ser cuidadoso nessas quatro situações para evitar gerar carma negativo pesado.

E finalmente nós temos os *Cinco Crimes Hediondos* de: (1) matar o próprio pai; (2) matar a própria mãe; (3) matar um arhat; (4) fazer com que um Tathagata sangre devido à intenção maliciosa; e (5) causar uma cisão na Sangha. Essas ações resultam em carma negativo tão poderoso que elas dominarão sua mente no momento da morte, gerando extrema dor e atormentando o seu renascimento futuro. Portanto, elas devem ser abandonadas a todo custo.

Ao invés de se engajar nessas causas para o sofrimento, nós devemos tentar praticar ações virtuosas tais como proteger a vida, ser generosos, falar de forma honesta e amável e também cultivar qualidades mentais virtuosas tais como a compaixão, humildade e uma visão sábia da realidade. Isso não tem nada a ver com nos sentirmos culpados ou sermos rígidos em como agimos, mas sim com ganhar confiança em relação a quais ações são benéficas para nós e para os outros. Com o tempo e experiência, nossa confiança na lei natural do carma crescerá.

Se nós morrermos amanhã sem desenvolver nossas qualidades espirituais, nós definitivamente continuaremos sem liberdade nesse ciclo infindável de nascimento, velhice, doença e morte. No pouco tempo que nós temos, tendo refletido profundamente sobre os benefícios da liberação, nós devemos praticar o Dharma com urgência, perseverança e grande disciplina para atingir a liberdade suprema da iluminação.

O que é mais importante em relação a essas quatro contemplações é que nos tornemos genuinamente desiludidos ou cansados do Samsara, nos dando conta dos aspectos fúteis desta vida e aspirando "emergir" desse padrão com uma forte determinação. Afortunadamente, embora você veja toda a dor e tormento, você também vê uma saída, e assim você desenvolve um grande senso de esperança de que a liberação é possível e um desejo de levar essa esperança aos demais.

Esses quatro pensamentos também nos lembram que, de todas as coisas que nós podemos fazer com nossas vidas, praticar o Dharma de forma autêntica e sincera é realmente a atividade mais importante e benéfica. Embora possa parecer às vezes que estamos nadando contra a correnteza ao fazer algo que os outros podem achar estranho ou inútil, nós podemos ter confiança no propósito profundo por trás de nossas ações.

Exalando o Ar Viciado

Tendo contemplado as Quatro Convicções, nós podemos agora nos preparar para a próxima prática com este simples exercício de respiração:

> *Comece fechando a narina esquerda usando o Mudra Pacificador e expire três vezes pela narina direita, então mude para a outra narina. Termine expirando três vezes por ambas as narinas. Visualize todas as aflições e negatividade saindo de seu corpo na forma de fumaça escura.*

Esta técnica se chama exalar o ar viciado. Ela envolve visualizar todas as suas impurezas na forma de fumaça escura sendo vigorosamente expelidas através de suas narinas para que você possa iniciar a sua prática com uma mente clara.

Isso ajuda a remover correntes de energia contraproducentes que são associadas à respiração e que carregam impressões de estados mentais aflitivos como apego, aversão e ignorância. Uma versão simples dessa prática é respirar profundamente três vezes, a cada vez inalando até a base do estômago e segurando o ar por um momento, então expirar vigorosamente através de ambas as narinas enquanto visualiza todas as energias impuras tais como luxúria e ódio deixando seu corpo e sua mente.

Uma versão mais elaborada envolve três ciclos de três expirações, fazendo nove expirações no total:

1. Primeiro, dobre o dedo do meio, o dedo anelar e o polegar da mão esquerda na direção da palma da mão. Isso vai deixar apenas o dedo mínimo e o indicador estendidos, o que é conhecido como o "mudra pacificador". Em um movimento fluido, suave e elegante, traga o dedo indicador para a narina esquerda. Inale profunda e tranquilamente pela boca. Feche a narina esquerda com o indicador esquerdo e solte o ar em três longas expirações através da narina direita.

2. Retorne a mão esquerda para uma posição natural no colo enquanto traz o dedo indicador direito no mesmo movimento elegante. Após inalar, pressione a narina direita e expire pela narina esquerda assim como antes.

3. Finalmente, retorne ambas as mãos para uma posição natural no colo, inale profundamente pelas duas narinas e então expire pelas duas narinas em três longas expirações.

— *Kunpang Thukje Tsondru* —
Grande Mestre Kalachakra que fundou o Retiro da Montanha Jonang

CAPÍTULO DOIS

Breve Invocação dos Mestres da Linhagem Jonang

Tendo recitado e refletido sobre as *Quatro Convicções da Renúncia*, você então invoca oito Lamas importantes que foram responsáveis pela fundação e estabelecimento das grandes instituições monásticas da Tradição Jonang. Uma linhagem se refere aos ensinamentos transmitidos em uma linha ininterrupta, desde o Buddha até os dias de hoje. Tal linhagem é autêntica se ela está baseada na experiência ou realização real da verdade desses ensinamentos. Esse conhecimento experiencial é passado de mestre a discípulo por muitas gerações, junto com a transmissão de comentários ou escrituras autênticos baseados nas palavras do Buddha.

Sem o firme compromisso com uma linhagem autêntica, nós não podemos realizar o objetivo final da completa iluminação. No entanto, seguindo os ensinamentos que foram preservados por tal tipo de linhagem, é possível gradualmente progredir ao longo do caminho e eventualmente alcançar a meta final do Estado Búdico.

Na ciência nós estamos familiarizados com o valor dado ao conhecimento produzido por meio de pesquisa prévia num determinado campo. Sem esse corpo de conhecimento, é muito difícil alcançar novas descobertas. Da mesma forma, uma linhagem espiritual representa a continuidade das descobertas feitas por grandes praticantes espirituais que nós podemos usar para replicar suas experiências.

A linhagem dos ensinamentos Kalachakra começou quando Suchandra, o Rei de Shambhala, solicitou ensinamentos ao Buddha Shakyamuni. Suchandra e seus sucessores preservaram essa linhagem em Shambhala por muitas centenas de anos, antes de eventualmente transmiti-la à Índia no século X. Poucos séculos depois, os ensinamentos se espalharam para o Tibete onde eles foram primariamente preservados pelos dedicados praticantes da Tradição Jonang. Dentro dessa tradição, as duas figuras mais proeminentes foram o Onisciente Dolpopa Sherab Gyaltsen e o Sublime Senhor Taranatha. Esses dois incomparáveis mestres atingiram grandes realizações espirituais, compuseram muitos textos influentes e foram responsáveis por estabelecer o extraordinário currículo de estudo e prática que é usado nos monastérios Jonang até os dias de hoje.

INVOCAÇÃO DOS MESTRES JONANG

Invocar uma linhagem significa fazer uma conexão com a influência espiritual dos grandes mestres do passado, assim como com o onisciente Buddha, que é o refúgio supremo daquela linhagem. Esses mestres devotaram suas vidas a alcançar a iluminação e preservar os preciosos ensinamentos de Kalachakra. Portanto, ao trazê-los à mente nós formamos uma conexão com as suas aspirações atemporais. Se nós fazemos isso com uma intenção pura o suficiente, então é possível realmente sentir a presença desses mestres e receber sua orientação.

Em última instância, no entanto, nós não estamos invocando nada fora de nós mesmos, uma vez que esses mestres não são nada mais do que a manifestação mágica de nossa própria natureza iluminada e, portanto, ao lembrar o que esses grandes seres alcançaram, nós relembramos nosso próprio potencial de manifestar aquelas mesmas qualidades.

Alguns praticantes não recitam essa invocação breve, uma vez que muitos dos oito Lamas mencionados aqui também são incluídos na prece da linhagem longa, que segue depois dessa; então, se o tempo for limitado, você pode escolher ir direto para a invocação longa da linhagem.

O Lama-raiz

Glorioso e precioso Lama-raiz, tendo tomado assento sobre o lótus de devoção no topo de minha cabeça, me abençoe com sua grande compaixão, tome conta de mim com sua grande bondade, e conceda-me os siddhis de seu corpo, fala e mente!

Primeiro você invoca seu glorioso e precioso Lama-raiz, "Palden Lama" em Tibetano. *Palden* significa "alguém que possui glória ou riqueza". *Lama* é uma palavra tibetana equivalente a Guru em sânscrito, que literalmente quer dizer "pesado" ou cheio de boas qualidades. Em Tibetano *la* significa "acima" e *ma* significa "que possui". Quando combinadas nós temos a palavra *Lama*, significando "alguém que está acima". Embora Lama esteja no singular aqui, em Tibetano não há na verdade distinção entre singular e plural. Portanto nosso Lama-raiz não se refere necessariamente a apenas um(a) mestre – você pode na verdade ter um, três ou mais mestres principais, assim como muitos outros professores secundários que ocupam diferentes níveis de importância em sua jornada espiritual.

Posto isto, após um cuidadoso exame você pode chegar a descobrir um(a) único(a) mestre(a) que é mais bondoso(a) para com você pessoalmente, ou cuja sabedoria você ache ser a mais penetrante. Se esse é o caso, você deveria considerá-lo(a) como Lama-raiz e então honrar e respeitar ele ou ela em cada oportunidade, uma vez que essa é a relação mais importante que você terá na vida.

Visualizar o Lama tomando assento sobre o lótus de devoção no topo da cabeça simboliza a importância do Lama e a necessidade de seguir suas instruções, se você deseja progredir no seu desenvolvimento espiritual. Na cultura asiática e particularmente na tibetana, colocar a si mesmo abaixo de outra pessoa é um sinal de grande respeito; por essa razão o Lama é visualizado acima do topo da cabeça. Essa é também a razão pela qual é costume os Lamas sentarem numa posição elevada quando dão ensinamentos, lembrando aos discípulos a mostrar grande respeito tanto pelo mestre quanto pelo precioso Dharma que ele ou ela partilha.

Se você aspira ser um praticante tântrico, ao dormir você deve visualizar o Lama no centro de seu coração, sentado no centro de uma flor de lótus; então, quando você acordar, imagine que ele se eleva através do seu canal central para tomar lugar no topo da sua cabeça ao longo do dia. Dessa forma você pode desenvolver uma forte conexão com sua presença, e através disso ganhar confiança na sua própria Natureza Búdica, representada pelo Lama.

Rezar ao Lama para que ele nos abençoe com sua grande compaixão e gentileza é uma forma de relembrarmos que o Lama representa o Buddha. Em algumas formas de Budismo, o Lama é considerado como um treinador ou um amigo espiritual viajando ao longo do mesmo caminho, enquanto que no Budismo Vajrayana ele é considerado como a corporificação de todos os seres iluminados. É dito que se nós o virmos como um ser humano, nós receberemos as bênçãos de um ser humano; enquanto que se nós o virmos como um Buddha, nós receberemos as bênçãos de um Buddha. Receber bênçãos quer dizer que nossas próprias boas qualidades aumentam como resultado de nossa fé e devoção – isso vem de dentro de nós e não de alguma fonte externa.

A honra e a devoção que nós temos para com o Lama não são baseadas em uma fé cega ou teísta, mas sim em uma fé clara e firme. Isso significa que nós analisamos cuidadosamente, testamos e ganhamos confiança nos ensinamentos do Buddha e também ganhamos confiança nas boas qualidades do Lama, especialmente em sua bondade e desejo de nos mostrar o caminho para a iluminação. Embora a gentileza e compaixão demonstradas pelos Lamas possam não ser exatamente como a bondade que uma mãe demonstra para com sua criança, ela definitivamente levará ao maior benefício possível para o(a) aluno(a). Por essa razão, nós podemos ver seu corpo, fala e mente como sagrados.

Os *siddhis* concedidos pelo Lama são realizações espirituais ou poderes que nós desenvolvemos através da prática espiritual, quer sejam "ordinários" ou "supremos". Siddhis ordinários incluem habilidades sobrenaturais tais como clarividência, enquanto siddhis supremos se referem às qualidades da realização iluminada.

O texto continua com preces para os oito Lamas da Tradição Jonang. Nós devemos notar que é um costume tibetano que os Lamas tenham muitos nomes diferentes e que alguns destes Lamas recebem diferentes títulos posteriormente na prática.

Kunkyen Dolpopa Sherab Gyaltsen

Eu rezo a você Dolpopa. Você é o onisciente Senhor do Dharma, aquele que compreende perfeitamente os três giros da roda do Dharma e as quatro classes de tantra. Por favor mostre o caminho inequívoco a todos os seres!

Dolpopa Sherab Gyaltsen é uma figura central na Tradição Jonang. Ele foi conhecido como *onisciente* porque era um erudito excepcional e um mestre de meditação altamente realizado. Seu maior feito foi estabelecer o sistema unificado de prática Jonang, que reuniu a linhagem Madhyamaka Zhentong do sutra com a linhagem tântrica do Tantra de Kalachakra. Nascido em 1292, em uma região remota do Tibete ocidental, o nascimento de Dolpopa foi profetizado por muitos sutras e tantras tais como o *Sutra do Grande Tambor*. Comumente se acredita que ele foi uma emanação do Bodhisattva Avalokiteshvara, assim como do Rei de Shambhala Pundarika.

Inicialmente treinado no Monastério Sakya como um monge muito puro e de conduta moral perfeita, Dolpopa viajava frequentemente para muitos dos monastérios ao redor para receber ensinamentos e meditar. Aos trinta anos de idade ele viajou para o Vale Jomonang para visitar o *Retiro da Montanha Jonang*. Ele ficou tão maravilhado com as realizações dos praticantes Jonang que decidiu abandonar sua posição de prestígio como abade Sakya e se mudar para Jomonang para se tornar um meditador.

Dolpopa passou muito de sua vida em retiro, eventualmente atingindo realizações dos quatro primeiros Vajra Yogas e completa mestria dos três primeiros. Foi nesse período que a Visão Zhentong se manifestou claramente em sua mente, revelando a ele o significado definitivo dos ensinamentos finais do Buddha acerca da Natureza Búdica, e mostrando a ele como a totalidade dos ensinamentos poderiam ser compreendidos sem conflito. Essa filosofia, que se apoiava fortemente nos *Cinco Grandes Tratados de Maitreya*, veio a se tornar a pedra fundamental do currículo Jonang e proveu um método crucial para conectar a teoria e a prática tanto do sutra quanto do tantra. Foi devido aos escritos brilhantes de Dolpopa que a Visão Zhentong cresceu em proeminência e foi aceita pela maioria como o pináculo do pensamento filosófico.

Como quarto abade do Monastério Jonang, Dolpopa viajou por toda a região de Ü-Tsang, dando ensinamentos, compondo textos e debatendo com todos os eruditos proeminentes de seu tempo. Durante a construção da Grande Estupa Jonang, Dolpopa concluiu o trabalho em seu excelente

BREVE INVOCAÇÃO DOS MESTRES DA LINHAGEM JONANG

texto conhecido como O *Dharma da Montanha*. Em meio a um oceano de citações de escrituras, Dolpopa sistematicamente superou todas as objeções que tinham sido levantadas por seus contemporâneos e demonstrou a verdade profunda por detrás da filosofia Zhentong. É dito que durante esse tempo não havia ninguém na província de Ü-Tsang que não considerasse Dolpopa como um de seus mais reverenciados mestres.

Nos seus últimos anos, Dolpopa abandonou suas responsabilidades como abade e se dedicou à meditação e ao ensino. Subsequentemente, suas realizações se tornaram ainda mais profundas e sutis. Como resultado, ele manifestou muitas capacidades extraordinárias, tais como não mais precisar comer ou beber. Quando ele comia, no entanto, parecia que não havia limite para a quantidade que ele conseguia ingerir e, ainda assim, não importava o quanto ele comesse, nunca havia qualquer dejeto, já que tudo era consumido pelo ardor de seu fogo interno.

Em 1361, logo depois de Dolpopa retornar de uma longa viagem a Lhasa, ele entrou em parinirvana em meio a incontáveis sinais auspiciosos. Embora seu corpo físico tenha se dissolvido há muito tempo, sua presença espiritual continua até os dias de hoje. Por essa razão, nós rezamos para que ele continue a mostrar o caminho inequívoco para todos os seres.

Kazhipa Rinchen Pal

Eu rezo a você Kazhipa. Corporificação de todas as atividades dos Buddhas, você faz a preciosa joia do Dharma brilhar como o sol, demonstrando os quatro poderes sublimes.

Kazhipa Rinchenpal (Ratnashri em sânscrito) nasceu em uma família real, na região de Gyalrong no Tibete oriental. Antes de seu nascimento, foi profetizado que ele esclareceria o significado de numerosos tantras secretos e que ele libertaria muitos seres sencientes. Após desenvolver uma fundação firme no Dharma, ele viajou para Ü-Tsang onde ele estudou sob a orientação de muitos dos discípulos de coração diretos de Dolpopa, tais como Chokle Namgyal e Nyabön Kunga. Tendo recebido os ensinamentos completos do Jonangpa onisciente, ele se tornou um detentor da linhagem altamente realizado. Ao retornar à sua terra, ele fundou o famoso *Monastério Chojé* em Dzamthang, seguido por muitos monastérios filiados nas regiões vizinhas.

De acordo com os ensinamentos fundamentais do Budismo, o Buddha foi um príncipe indiano que renunciou ao mundo convencional e subsequentemente atingiu a iluminação. No entanto, do ponto de vista do Budismo Mahayana, o Buddha já era iluminado e sua vida foi meramente uma demonstração ou um exemplo de como seguir o caminho que ele ensinou. De maneira similar, todos os grandes mestres deste mundo podem ser percebidos como já sendo iluminados, aparecendo em forma humana por sua grande compaixão para conduzir os outros ao longo do caminho. Por exemplo, nós podemos ver alguém como o Dalai Lama como um ser iluminado, tomando nascimento em nosso reino para demonstrar uma vida de tolerância e compaixão como um líder e um "simples monge" puro. É dessa perspectiva que nós falamos de mestres como Khazipa serem a corporificação de todas as *atividades dos Buddhas*.

Os *Quatro Poderes Sublimes*, também conhecidos como as quatro Atividades Búdicas, descrevem diferentes formas que os Buddhas têm de beneficiar os seres em situações variadas. Elas incluem: (1) pacificar ou criar paz; (2) expandir ou enriquecer possibilidades; (3) controlar situações ou circunstâncias; e (4) subjugar ou acabar com a negatividade com compaixão irada.

Tsechu Rinchen Drakpa

Eu rezo a você Rinchen Drakpa. Você é adornado pelos ensinamentos do Dharma e por realizações profundas, e suas atividades são vastas e incomparáveis; quem quer que veja ou escute você, será certamente liberado!

Rinchen Drakpa (Ratnakirti em sânscrito) nasceu em 1462 e foi o discípulo mais próximo de Gyalwa Chöje Khazhipa Rinchen Pal. Foi Ratnakirti o responsável por fundar a segunda maior instituição monástica na região de Dzamthang – o *Monastério Tsechu*. Ele foi um erudito hábil, compondo muitos textos sobre a prática de Kalachakra e vários outros tópicos e foi, portanto, *"adornado pelo ensinamentos do Dharma"*. Sob a orientação habilidosa tanto de Khazhipa quanto de Rinchen Drakpa, a Tradição Jonang floresceu nas regiões orientais do Tibete.

A afirmação *"quem quer que veja ou escute você será certamente liberado!"* se refere à conexão cármica criada por encontrar um grande ser que tenha o voto de conduzir quem quer que ele encontre à iluminação. A semente plantada por essa conexão certamente amadurecerá e eventualmente propiciará um fruto supremamente benéfico.

Chojé Gyalwa Sengge

Eu rezo a você Gyalwa Sengge. Ordenado no Dharma, sua devoção aos seus mestres é suprema, e suas ações são uma gloriosa demonstração de pureza, disciplina, sabedoria e compaixão.

Chöje Gyalwa Sengge foi a primeira reencarnação de Ratnashri, o fundador do Monastério Chöje. Nascido como Rinchen Sangpo, na região Zhakshöd de Gyalrong, ele é talvez mais conhecido por treinar centenas de praticantes-eruditos e enviá-los para as regiões vizinhas para ensinar o Dharma. É dito que Gyalwa Sengge e seus discípulos estabeleceram com sucesso mais de cento e oito monastérios afiliados. Ele demonstrou muitas qualidades iluminadas tais como uma incrível renúncia, pureza em seus votos monásticos, disciplina estrita para evitar a menor transgressão, concentração inabalável e sabedoria ímpar. Ele foi assim um exemplo brilhante para todos aqueles que o conheceram.

Jetsun Taranatha

Eu rezo aos seus pés Kunga Nyingpo. Você é a fonte de tudo o que é bom, a corporificação de todos os Buddhas e refúgio único para todos os seres, um protetor do Samsara e do Nirvana.

Kunga Nyingpo, também conhecido como Jetsun Taranatha ou Drolway Gonpo, foi um dos mestres mais importantes da linhagem Jonang. Ele viveu de 1575 até 1635 e acreditava-se que ele era a reencarnação do grande Mestre Rimê, Jonang Kunga Drolchok. Estudando intensivamente no Monastério Cholung Jangtse, ele rapidamente cobriu os cinco tópicos principais das escrituras budistas assim como os tantras, e desse modo recebeu transmissão de todas as linhagens do Budismo Vajrayana.

Um dos feitos mais notáveis de Taranatha foi a composição de uma história do Dharma na Índia, baseada em reminiscências de uma de suas vidas passadas, como o Mahasiddha indiano Drupchen Nakpopa. Até hoje, essa história do Dharma é ainda considerada referência e é amplamente usada por muitos estudiosos. Taranatha também estabeleceu o grande monastério Jonang *Takten Damchö Ling* onde ele compôs cerca de quarenta volumes de textos a respeito de uma ampla variedade de assuntos. Em particular, textos como A *Essência da Vacuidade-de-Outro* foi influente em esclarecer mal-entendidos a respeito da Visão Zhentong e reviver a filosofia original de Dolpopa. Ele beneficiou os seres de maneiras incontáveis e foi saudado como um grande ornamento dos ensinamentos definitivos do Buddha e a fonte de tudo o que é bom.

Como vimos, da perspectiva Vajrayana, todos os grandes seres são manifestações dos Buddhas que são um em sua natureza de sabedoria. Nós podemos, portanto, dizer que Taranatha corporifica todos os Buddhas e é o refúgio único de todos os seres. Ele os protege do sofrimento e da dor do Samsara, assim como da tentação de buscar o Nirvana, uma versão limitada da iluminação onde o nosso fluxo mental é "cortado" da meta mais vasta de liberar todos os seres.

Chalongwa Ngawang Trinle

Eu rezo a você Chalongwa, árvore do Dharma que realiza desejos. Sua fala floresce como flores e novos seguidores se deleitam em seus ensinamentos como abelhas no pólen.

Chalongwa Ngawang Trinle nasceu em 1657 e estudou durante a maior parte de seus primeiros anos no Monastério Chalong de Tsang. Ele mais tarde se tornou um discípulo muito próximo de Khidrup Lodrö Namgyal, que foi responsável por fundar o *Monastério Tsangwa*, a terceira grande instituição monástica a ser construída em Dzamthang. Seguindo os passos de seu mestre, Ngawang Trinle viajou para o leste onde ele passou um tempo considerável guiando um vasto número de estudantes e estabelecendo Tsangwa como o principal centro para o estudo e prática do Dharma Jonang. Ele foi reconhecido por sua grande sabedoria e habilidades excepcionais e foi entusiasticamente convidado a visitar muitas regiões por reis e líderes.

Uma árvore que realiza desejos é uma árvore que dá frutos de acordo com os desejos ou necessidades de alguém. Da mesma forma, um grande professor pode apresentar o Dharma de modo a perfeitamente atender as necessidades e aspirações de sua audiência. De maneira similar, a fala de Chalongwa é semelhante ao desabrochar das flores que florescem quando as condições são apropriadas, e seus ensinamentos são comparados ao pólen que se assemelha a um doce elixir, atraindo novos seguidores.

BREVE INVOCAÇÃO DOS MESTRES DA LINHAGEM JONANG

Ngawang Tenzin Namgyal

Eu rezo a você Gawi Chöpel. Sua mestria da fala é ilimitada e sua aparência é perfeita. Você é a fonte de todas as qualidades supremas, uma vez que sua conduta moral é sublime e seu conhecimento é insuperável como um grande tesouro.

Gawi Chöpel, também conhecido como Ngawang Tenzin Namgyal, nasceu em 1691 e foi o primeiro Mestre-Vajra de Kalachakra a residir no Monastério Tsangwa. Reconhecido como a primeira reencarnação do fundador de Tsangwa, Lodrö Namgyal, Gawi Chöpel recebeu os ensinamentos Jonang completos de seu mestre Ngawang Trinle. Quando ele tinha apenas dez anos, ele entrou em retiro e atingiu muitas realizações. Na maior parte de sua vida adulta, Tenzin Namgyal se dedicou à prática contínua dos Seis Vajra Yogas em locais remotos tais como a Caverna de Amitabha, onde Padmasambhava tinha meditado.

Gawi Chöpel foi renomado por vencer obstáculos com poderes mágicos para poder estabelecer o sistema Jonang de ensino e prática. Guiado pelo contato direto com deidades e pela sua suprema habilidade na meditação, ele teve grande impacto no ambiente ao seu redor e seus ensinamentos beneficiaram muitos. Ele também foi conhecido por sua sublime conduta moral e seu conhecimento insuperável. Em 1738, seguindo sua própria predição, ele faleceu após passar o dia inteiro dando conselhos e profecias a seus discípulos.

Esse é outro verso que usa a linguagem Vajrayana, se referindo a Gawi Chöpel como uma emanação búdica com aparência e fala perfeitas e outras qualidades supremas. Geralmente nós descrevemos os Buddhas em termos de cinco tipos de características – de corpo, fala, mente, qualidades e atividades. Nós podemos então falar dos grandes Lamas como sendo emanações da fala, emanações da mente e assim por diante.

Kunzang Trinle Namgyal

Eu rezo a você Trinle Namgyal. Sua sabedoria brilha como Manjushri, corporificação da sabedoria de incontáveis Buddhas. Você é um tesouro de compaixão, o poder de todos os iluminados.

Kunzang Trinle Namgyal nasceu na região de Gyalrong no Tibete oriental e foi a segunda reencarnação do famoso Lodrö Namgyal do Monastério Tsangwa. Ele treinou diligentemente no Dharma desde uma idade muito tenra, formando relações espirituais com muitos grandes mestres e recebendo incontáveis iniciações e instruções. Ele atingiu realizações extraordinárias e foi especialmente conhecido por sua sabedoria, que se dizia ser igual à de incontáveis Buddhas, particularmente o Bodhisattva Manjushri. Ele foi portanto bastante procurado como professor do Dharma e atraiu muitos seguidores.

Manjushri é um Bodhisattva de alto nível que corporifica a sabedoria de todos os Buddhas. Outros Bodhisattvas corporificam qualidades diferentes, tais como Avalokiteshvara (Chenrezig em Tibetano) que corporifica a compaixão de todos os Buddhas, e Vajrapani, que corporifica o poder deles. Portanto, nesse verso Trinle Namgyal está sendo honrado como alguém que demonstra as qualidades iluminadas da sabedoria, compaixão e poder.

Todos os Professores do Dharma

Eu agora rezo a todos os meus preciosos professores e professoras que me concederam transmissões, iniciações e ensinamentos; quem quer que

BREVE INVOCAÇÃO DOS MESTRES DA LINHAGEM JONANG

apenas se lembre de vocês será liberto de sofrimento, e quem quer que tenha devoção certamente alcançará a iluminação.

Esse verso final se refere aos preciosos professores e professoras do Dharma que você encontrou ao longo de sua vida, quer eles tenham dado a você transmissões, iniciações, instruções pessoais ou outras formas de ensinamento autêntico. Não importa se o Dharma que você recebeu foi um pequeno bocado ou grandes volumes de ensinamentos preciosos. Pensar nos seus professores deve prover um refúgio do sofrimento e trazer paz à sua mente, contanto que você tenha desenvolvido confiança em seus ensinamentos. Se você tem devoção e está motivado a praticar diligentemente, não há dúvidas de que você eventualmente alcançará a iluminação como um resultado dessa sagrada conexão.

Homenagem do Autor

OM GURU BUDDHA BODHISATTVA BHAYANA NAMO NAMAH
Eu presto homenagem ao Lama que generosamente concede a todos os seres a joia do Dharma que realiza desejos.

Esta é uma homenagem do autor e não é normalmente incluída como parte da prática. O Lama ou o Guru é quem quer que conduza você no caminho para o Estado Búdico, ao generosamente conceder a joia do Dharma que realiza desejos e é, portanto, a fonte de todas as boas qualidades. É comum que os autores ofereçam homenagem aos seres sagrados para poder remover obstáculos ao seu trabalho.

— *A Tradição Jonang-Shambhala* —
Mestres dos Seis Vajra Yogas do Estágio de Completude de Kalachakra

CAPÍTULO TRÊS

Invocação Completa da Linhagem do Vajra Yoga

A próxima prece é especificamente concebida para nos ajudar a cultivar uma forte conexão com os Lamas da linhagem do profundo Caminho Kalachakra dos Seis Vajra Yogas. Como eu mencionei antes, esses ensinamentos foram transmitidos primeiramente pelo Buddha Shakyamuni ao Rei do Dharma Suchandra, de Shambhala. Suchandra levou esses ensinamentos para Shambhala onde eles foram preservados por cerca de dezessete séculos. Os ensinamentos foram então transmitidos ao Mahasiddha Manjuvajra que se tornou conhecido como o Grande Kalachakrapada. Os ensinamentos floresceram na Índia por um tempo e foram finalmente transmitidos ao Tibete através de mais de dezessete linhagens diferentes.

Em especial, uma linhagem completa de instruções essenciais foi transmitida através do grande pândita Somanatha ao tradutor tibetano Dro Sherab Drak. Essa tradição ficou conhecida como a tradição Dro e foi subsequentemente propagada por meio de uma série de yogis extraordinários que alcançaram as mais elevadas realizações. Depois de se passarem mais de oito gerações, o grande praticante-erudito Kunpang Thukje Tsondru combinou todas as dezessete linhagens em uma única corrente unificada. Nesse processo, Thukje Tsondru fundou o Retiro da Montanha Jonang no vale incrivelmente abençoado de Jomonang.

Muitos grandes mestres afluíram a Jonang para meditar no seu profundo sistema dos Seis Vajra Yogas. O maior de todos foi o Onisciente Rei do Dharma, Dolpopa Sherab Gyaltsen, que revelou o significado definitivo da Visão Zhentong e estabeleceu o sistema unificado de estudo e prática que se tornou a base da Tradição Jonang. O Dharma de Jonang continuou a florescer nas províncias de Ü e Tsang até meados do século dezessete; no entanto, devido à instabilidade política e choques sectários, muitos mestres Jonang foram forçados a buscar refúgio nas remotas regiões orientais de Amdo e Kham.

Desde aquele tempo, a linhagem tem sido preservada puramente em um fluxo ininterrupto pelos grandes Mestres-Vajra dos famosos monastérios de Dzamthang – Chöje, Tsechu e Tsangwa. A partir desses centros principais, a linhagem fluiu para centenas de monastérios filiados, dando surgimento a diferentes listagens de detentores de linhagem. Uma linhagem em especial passou por meio do prolífico praticante-erudito do século vinte Ngawang Lodrö Drakpa e então para seus discípulos, Yonten Zangpo e Kunga Sherab Saljé.

A linhagem que é apresentada neste livro foi passada através do realizado yogi Ngawang Chözin Gyatso, se estendendo ao meu próprio precioso mestre Kyabjé Lama Lobsang Trinle. Essa é a linhagem atualmente mantida no Monastério Tashi Chöthang, um braço do Monastério maior Tsangwa de Dzamthang. Devido aos esforços dos mestres Jonang modernos na Índia, Austrália e Estados Unidos, os ensinamentos dessas linhagens estão agora começando a ser transmitidos fora do Tibete.

Invocação da Linhagem do Vajra Yoga

A invocação dos mestres da linhagem começa com uma visualização que no começo pode parecer bastante elaborada, mas à medida que você criar familiaridade com os diferentes elementos ela se tornará mais fácil. Para esse fim você deve visualizar a completa assembleia dos mestres da linhagem, começando com o Buddha Primordial, Vajradhara, Kalachakra e o Buddha Shakyamuni. Uma vez que você tiver estabelecido a visualização você pode então solicitar suas bênçãos.

INVOCAÇÃO COMPLETA DA LINHAGEM DO VAJRA YOGA

Visualização

No espaço imediatamente à sua frente, no centro de uma manifestação de luz iridescente e no topo de um assento de cinco camadas formado por um lótus e discos de lua, sol, Rahu e Kalagni, visualize seu Lama-raiz no aspecto de Vajradhara azul sentado sobre um trono.

Seu Lama-raiz aparece como Vajradhara, seu corpo é azul, com uma face e dois braços, segurando um vajra e um sino cruzados na altura do coração. Ele está sentado com as pernas na posição de lótus completa, vestido com trajes de seda, adornado com preciosos ornamentos tais como uma coroa, brincos, colares, braceletes, pulseiras e tornozeleiras, e possuindo todas as marcas e sinais de um Buddha.

Ele está rodeado por todos os mestres da linhagem dos Seis Vajra Yogas, incluindo o imaculado Buddha Primordial, o Corpo de Deleite Kalachakra, o Corpo de Emanação Shakyamuni, os trinta e cinco Reis do Dharma de Shambhala, e todos os mestres de linhagem indianos e tibetanos. Seus corpos apresentam uma aparência radiante, esplêndida e agradável.

Cada componente dessa visualização tem significado profundo. Por exemplo, os quatro assentos de lua, sol, rahu e kalagni representam as quatro gotas do estado de vigília, estado de sonho, estado de sono profundo e o estado da sabedoria primordial, respectivamente. O Guru Vajradhara, que é a corporificação tântrica da iluminação, senta majestosamente sobre um trono sustentado por leões e é inseparável da natureza de seu próprio Lama-raiz. Embora possa parecer artificial, essa visualização não é um faz de conta ou a criação de algum fenômeno inédito; ao invés disso, trata-se de profundos meios hábeis para desenvolver "percepção pura" da realidade iluminada, que está além de todas as noções dualistas e distinções habituais.

Cada atributo do corpo de Vajradhara também tem um significado profundo. O vajra de cinco pontas e o sino representam a união de compaixão e sabedoria indestrutíveis, e as marcas e ornamentos simbolizam outros aspectos da realidade iluminada, tais como os cinco agregados e as oito consciências purificados. Embora seja bom visualizar a forma de Vajradhara para contrapor nossa percepção habitual, algumas pessoas podem se beneficiar mais visualizando o Lama em sua forma humana comum.

Tradicionalmente se tomam alguns minutos para estabelecer essa visualização antes de recitar as preces, e é melhor se você puder visualizar todos os mestres da linhagem reunidos, com seus corpos de aparência radiante, esplêndida e agradável. Muito foco nos detalhes, no entanto, pode se tornar um obstáculo. O que é mais importante é permear a sua mente com um sentimento forte de conexão com a linhagem, pensando que todos esses seres santos estão realmente presentes. Enquanto você recita a prece, você pode trazer à mente cada mestre da linhagem individualmente, assim como qualquer detalhe da história deles que você puder lembrar. Praticar dessa forma cria um elo entre você e a preciosa linhagem. É essa conexão que trará você para mais perto da realidade sagrada de sua própria Natureza Búdica.

Preces aos Lamas-Raiz e aos Lamas da Linhagem

Eu presto homenagem e rezo ao meu Lama-raiz.
Eu rezo aos Lamas-raiz e da linhagem.
Eu rezo à linhagem que realiza desejos.

Prestar homenagem e rezar aos Lamas-raiz e da linhagem é uma forma de mostrar nosso mais profundo respeito e honra, nos lembrando de quão preciosa é essa relação. A palavra em Tibetano para Lama-raiz é "*tsawi Lama*", e se refere ao professor ou professores do Dharma para com os quais você tem maior gratidão – aqueles(as) que pessoalmente mostraram a você o caminho para a liberação. De todos os professores que você encontrou, seu Lama-raiz é quem quer que você considere como mais importante, aquele(a) de quem você recebeu o maior número de ensinamentos, ou quem quer que mais tenha beneficiado você de maneira iluminada. Pode ser um ou mais Lamas, uma vez que não há limite para o número.

Os outros mestres da linhagem podem não ter ensinado você diretamente, mas ainda assim eles são parte integral da linhagem de transmissão. Sem essa linhagem de transmissão, a iluminação não pode ser atingida e, portanto, a linhagem é como uma joia que realiza desejos, concedendo qualquer desejo que a pessoa tenha. Mesmo que você não os tenha encontrado, você deveria sentir profunda humildade e gratidão para com esses mestres para criar uma conexão espiritual com essa linhagem sagrada.

Por favor me abençoem para que a transmissão da linhagem adentre em mim.
Que todas essas bênçãos adentrem meu coração!
Por favor me abençoem para que a escuridão em meu coração seja dissipada!

Como explicado anteriormente, você recebe bênçãos quando suas próprias boas qualidades aumentam, ou quando você se aproxima mais da realidade de sua Natureza Búdica. A linhagem de transmissão é como uma escada que ajuda você a descobrir essa natureza, conduzindo a uma profunda transformação à medida que as bênçãos adentram seu coração. Isso é muito mais que se "sentir bem" temporariamente. Através dessa prática você pode remover a escuridão da ignorância e outras impurezas que impedem você de experimentar a joia de sua própria Natureza Búdica.

Eu rezo ao Lama.
Eu rezo ao senhor do Dharma.
Que todos os pais espirituais e seus filhos de coração me abençoem!

O Lama é alguém "acima", que é superior em qualidades espirituais e, portanto, é digno de louvor e homenagem. *Senhor do Dharma* quer dizer que eles são como um rei da espiritualidade. *Filhos de coração* se refere àqueles na linhagem que são discípulos próximos desses grandes Lamas, que por sua vez são os pais espirituais deles. Eles são como um príncipe que irá ascender ao trono de seu mestre para continuar sua obra. Por exemplo, Dolpopa teve quatorze filhos do coração que foram responsáveis por propagar o Dharma de Jonang após Dolpopa entrar em Parinirvana. Entre estes estavam Chokgyalwa Chokle Namgyal, Tsungmed Nyabön Kunga e outros.

Preces à Base, Caminho e Resultado

Eu rezo ao Tathagatagarbha, a essência da base primordial.
Eu rezo ao profundo caminho vajra de Kalachakra.
Eu rezo ao Dharmakaya, corpo sem véu da realidade da iluminação, o resultado da cessação do Samsara.

Tathagatagarbha se refere à mente desperta completamente iluminada do Estado Búdico, cuja essência reside em todos os seres como a base primordial da iluminação, embora esteja obscurecida por impurezas temporárias. O Buddha Maitreya relaciona essa base primordial a um tesouro subterrâneo, ao mel entre as abelhas, ao grão dentro da casca ou uma imagem preciosa sob uma camada de argila. *O profundo caminho vajra de Kalachakra* se refere aos ensinamentos e práticas que você deve seguir para despertar essa natureza verdadeira de acordo com o Tantra de Kalachakra. Isso inclui todas as práticas preliminares descritas na Escada Divina assim como a prática principal dos Seis Vajra Yogas.

O *Dharmakaya, corpo sem véu da realidade da iluminação*, é o resultado final de se seguir o caminho, o ponto em que todas as aflições são completamente purificadas e a realização do Estado Búdico é atingido. Embora a base e o resultado sejam inseparáveis, num nível relativo nós precisamos praticar o caminho para poder desfazer as muitas camadas de impureza que nos impedem de enxergar essa verdade.

O Dharmakaya é um dos três corpos ou dimensões da iluminação (*kaya* em sânscrito). Ele se refere ao aspecto vazio, imutável e permanente da mente iluminada. Essa é a dimensão da realidade que é experimentada por um Buddha. As outras dimensões são o Corpo de Deleite, Sambhogakaya, e o Corpo de Emanação, Nirmanakaya, os quais representam dimensões da realidade que são experienciadas por seres sencientes.

Preces aos Quatro Corpos de Buddha

Primordial Buddha   *Guru Vajradahra*   *Shri Kalachakra*   *Buddha Shakyamuni*

Eu rezo ao sublime Buddha primordial.
Eu rezo ao Dharmakaya Vajradhara, o corpo da realidade da iluminação.

Buddha Primordial e Vajradhara são nomes diferentes usados para descrever o Dharmakaya, o corpo da realidade da iluminação. Cada um desses nomes aponta para um aspecto diferente dessa verdade sagrada que está completamente além de qualquer tentativa de conceitualização. Isso é similar aos muitos nomes que você usa para descrever os papéis diferentes que você desempenha em circunstâncias diferentes – por exemplo, como médico, cônjuge ou um filho primogênito.

Buddha Primordial quer dizer sem começo, atemporal e nunca manchado pela verdade relativa ou as aflições do Samsara, assim como o espaço permeia todos os outros elementos e ainda assim não é afetado por eles da menor forma. Isso é conhecido como o Svabhavikakaya ou corpo essencial. É o aspecto de como a realidade verdadeiramente é.

Vajradhara é similar ao Buddha primordial, mas a ênfase é colocada na sabedoria que conhece a realidade tal como é. Isso é conhecido como Jñana-Dharmakaya ou Corpo da Verdade-sabedoria. Dessa forma, embora o Buddha Primordial e Vajradhara sejam inseparáveis, cada um deles ajuda a enfatizar as características sutis do significado definitivo.

Eu rezo ao Sambhogakaya Kalachakra, o corpo de deleite.

No texto-raiz "longku" significa Sambhogakaya, que é a manifestação mais sutil e pura do Dharmakaya, também conhecido como o Corpo de Deleite. À medida que os seres sencientes se engajam na prática espiritual, eles lentamente removem as muitas camadas de obscurecimentos, purificando suas mentes e permitindo que experimentem níveis cada vez mais sutis da realidade. O Sambhogakaya representa o nível mais sutil e puro da experiência dualista, percebido apenas por Bodhisattvas altamente realizados que estão no décimo nível de desenvolvimento espiritual.

A palavra tibetana para Kalachakra é "Dukyi Korlo", que é traduzida literalmente como "Roda do Tempo". Aqui a noção de *tempo* se refere à mudança e transformação, enquanto *roda* se refere à ideia de um ciclo infinito ou processo. Num nível grosseiro, *Roda do Tempo* indica os padrões infinitos de transformação que todos nós percebemos; num nível mais sutil, esses dois conceitos apontam para a natureza convencional dos fenômenos como sendo uma união da grande compaixão e vacuidade; então num nível extremamente sutil, eles se referem à natureza última da realidade que é a união de bem-aventurança imutável e forma-de-vacuidade. O importante a ser lembrado aqui é que Kalachakra é um termo que se refere à totalidade de toda a experiência e, portanto, pode ser compreendido de maneiras diferentes dependendo do nível de sutileza de sua perspectiva.

Em Amaravati no sul da Índia, quando o Buddha primeiramente ensinou o Tantra de Kalachakra para uma audiência que incluía uma vasta gama tanto de humanos quanto de não-humanos, ele se manifestou na forma Sambhogakaya da deidade Kalachakra, junto com uma mandala de 636 deidades. O principal recipiente desses ensinamentos foi o Rei Suchandra, o grande Rei do Dharma que transmitiu esses ensinamentos ao reino divino de Shambhala. Por meio do poder desses ensinamentos, os Reis de Shambhala foram capazes de desenvolver um sistema de prática que uniu efetivamente pessoas de um amplo espectro de contextos religiosos, trazendo paz e harmonia para seu reino.

Apenas seres com realização espiritual extremamente elevada, tais como o Rei Suchandra, poderiam perceber e experienciar diretamente a forma iluminada de Kalachakra. Portanto, dizer que o Buddha Shakyamuni apareceu na forma Sambhogakaya de Kalachakra para ensinar o Tantra de Kalachakra significa que esses ensinamentos foram comunicados em um nível extremamente sutil de experiência.

Eu rezo ao Nirmanakaya Buddha Shakyamuni, o corpo de emanação.

Colocando de forma simples, o Corpo de Emanação Nirmanakaya é o ser a quem comumente nos referimos como o Príncipe Siddhartha, que demonstrou aos seres humanos comuns como eles poderiam se tornar Buddhas completamente despertos. Ele é frequentemente referido como Buddha Shakyamuni, onde *Buddha* quer dizer "desperto" e *Shakya* se refere ao nome de seu clã. Em um nível mais profundo, o Corpo de Emanação Nirmanakaya é como o Sambhogakaya aparece para os seres comuns; de início aparecendo em uma forma humana e, por conseguinte, manifestando uma vida com nascimento, velhice e morte.

Dessa forma, os Nirmanakayas oferecem uma ponte entre a mente iluminada do Buddha e os inúmeros seres sencientes que estão sofrendo na existência cíclica. Uma vez que os Nirmanakayas aparecem de acordo com as propensões cármicas dos seres sencientes, não há limites para as formas que eles podem assumir. Não importa em que forma um Nirmanakaya se manifeste, elas são sempre perfeitamente adequadas para comunicar o Dharma aos seres sencientes que as encontram.

— *Os Trinta e Cinco Reis do Dharma de Shambhala* —
Sete Reis do Dharma, Vinte e Cinco Reis Kalki e Três Reis da Era Dourada

INVOCAÇÃO COMPLETA DA LINHAGEM DO VAJRA YOGA

Preces aos Mestres da Linhagem de Shambhala

Eu rezo aos trinta e cinco Reis do Dharma de Shambhala.

Shambhala é um termo usado para se referir à manifestação de paz e harmonia na experiência dos seres sencientes. Em um nível último, é indivisível da base primordial de nossa própria Natureza Búdica. Convencionalmente, Shambhala é experienciada de variadas formas. Quando nós nos referimos aos Reis do Dharma de Shambhala, nós estamos nos referindo à manifestação específica de Shambhala conhecida como o *Sublime Reino de Shambhala*.

Essa forma de Shambhala é um reino puro de experiência que foi gerado a partir das aspirações iluminadas de Bodhisattvas de décimo nível, em combinação com as conexões cármicas que eles promoveram com os seres sencientes desse planeta. É um reino de oportunidade excepcional, que provê aos seres humanos deste mundo todas as condições necessárias para progredir rapidamente ao longo do caminho para alcançar a iluminação. Embora possa ser considerado um reino humano, ele é mais sutil que esse reino e, portanto, só pode ser vivenciado pelas mentes de seres com um nível de sutileza correspondente.

Foi a partir desse nível sutil de experiência que o Rei Bodhisattva Suchandra se emanou quando ele solicitou o Kalachakra ao Buddha Shakyamuni na Grande Estupa Dhanyakataka de Amaravati no sul da Índia. Naquele momento, o Buddha, na forma de Kalachakra, profetizou que haveria trinta e cinco Reis do Dharma para manter esses ensinamentos até o tempo da próxima Era Dourada. Esses reis são divididos em três grupos: os Sete Reis do Dharma, os Vinte e Cinco Reis Kalki e os Três Reis da Era Dourada.

Os *Sete Reis do Dharma* foram as primeiras sete gerações de reis responsáveis por estabelecer a prática de Kalachakra na terra de Shambhala. Através de seu brilhante exemplo, eles demonstraram a capacidade profunda que nós todos temos e inspiraram os cidadãos de Shambhala a transcender suas limitações. Esses sete incluem: (1) Suchandra, (2) Sureshvara, (3) Taji, (4) Somadatta, (5) Sureshvara, (6)

Vishvamurti e (7) Sureshana.

Os *Vinte e Cinco Reis Kalki* começaram quando o grande Rei do Dharma Manjushri Yashas unificou com sucesso o povo de Shambhala sob o reconhecimento comum de sua natureza última. Ao condensar os ensinamentos do Tantra de Kalachakra, ele os tornou disponíveis a uma audiência muito mais ampla. E, ao fazer isso, mostrou a eles como eliminar o preconceito e revelar sua verdade sagrada. Desde o reino de Yashas, os Reis de Shambhala têm sido conhecidos como *Kalki*, que quer dizer "unificador de castas". Neste momento nós estamos vivendo durante o reinado do vigésimo Kalki, Aniruddha. A lista completa dos Reis Kalki é: (1) Manjushri Yashas, (2) Pundarika, (3) Bhadra, (4) Vijaya, (5) Sumitra, (6) Raktapani, (7) Vishnugupta, (8) Arkakirti, (9) Subhadra, (10) Samudravijaya, (11) Aja, (12) Surya, (13) Vishvarupa, (14) Shashiprabha, (15) Ananta, (16) Mahipala, (17) Shripala, (18) Harivikrama, (19) Mahabala, (20) Aniruddha, (21) Narasimha, (22) Maheshvara, (23) Anantavijaya, (24) Yashas e (25) Raudra Chakri.

Durante o reinado do último Rei Kalki, foi profetizado que o mundo chegará a um momento crítico no equilíbrio entre ignorância e sabedoria. Formas aflitivas de pensamento dominarão o mundo, resultando em violência e degeneração sem precedentes. E ainda assim, ao mesmo tempo as mentes das pessoas terão amadurecido, tornando possível para o vigésimo quinto Kalki, Raudra Chakri, emergir de Shambhala e revigorar o Dharma, iniciando uma era de paz e harmonia incomparáveis. Os três Reis que foram profetizados para reger durante tal tempo são conhecidos como os *Três Reis da Era Dourada*: (1) Brahma, (2) Sureshvara e (3) Kashyapa.

INVOCAÇÃO COMPLETA DA LINHAGEM DO VAJRA YOGA

Preces aos Mestres da Linhagem da Índia

Dushapa Chenpo   Dushapa Nyipa   Gyaltse Nalendrapa   Panchen Dawa Gonpo

Eu rezo ao Drupchen Dushapa Chenpo.

Drupchen Dushapa Chenpo, também conhecido como Kalachakrapada o Ancião, foi o primeiro detentor da linhagem completa de Kalachakra neste reino humano. Nascido como Manjuvajra, filho de um yogi brâmane, ele cresceu estudando nas famosas universidades de Odantapuri e Nalanda no nordeste da Índia. Tendo atingido um conhecimento considerável em cada uma das cinco ciências, ele recebeu uma visão de Manjushri dizendo que ele deveria viajar para o norte, em busca de Shambhala. Manjuvajra viajou, penetrando profundamente em meio às montanhas onde encontrou uma emanação do décimo primeiro Rei Kalki, Aja. A emanação concedeu a Manjuvajra todas as iniciações e instruções essenciais, permitindo que ele alcançasse níveis excepcionais de realização. Após praticar por seis meses, ele foi capaz de viajar para Shambhala onde recebeu uma coleção de tesouros de ensinamentos diretamente do próprio Kalki.

    Após memorizar todos os preciosos ensinamentos, Manjuvajra retornou para casa e começou a partilhar os ensinamentos com todos aqueles que os solicitavam. Através da orientação de sua incomparável realização, a prática dos Seis Vajra Yogas floresceu na Índia. Dushapa Chenpo eventualmente atingiu mestria em todos os seis Yogas, atingindo a completa iluminação ao alcançar o estado de corpo de arco-íris. *Drupchen* é o termo tibetano para "Mahasiddha", que quer dizer alguém com um alto nível de realização espiritual, enquanto *chenpo* é a palavra tibetana para "grande".

Eu rezo ao Drupchen Dushapa Nyipa.

O principal discípulo de Manjuvajra foi um leigo, nascido de casta real, conhecido como Shri Badra. Devido às suas realizações extraordinárias, ele também veio a ser conhecido como Kalachakrapada o Jovem, ou Drupchen Dushapa Nyyipa em Tibetano (*Nyipa* quer dizer "segundo"). Em sua prática espiritual, Shri Badra experimentou muitas deidades e reinos iluminados e foi reconhecido por todos por ter atingido o décimo segundo dos níveis de Bodhisattva. Embora tivesse muitos discípulos, doze atingiram o corpo de arco-íris sob sua orientação. Foi na verdade Shri Badra quem primeiro trabalhou com tradutores tibetanos para introduzir o Tantra de Kalachakra no Tibete.

Eu rezo a Gyaltse Nalendrapa.

A prática de Kalachakra aumentou significativamente sob a orientação do discípulo do coração de Shri Badra, o grande abade de Nalanda, Bodhibhadra, conhecido no Tibete como Gyaltse Nalendrapa. Numa história famosa, Bodhibhadra pendurou um cartaz no portão de entrada da Universidade de Nalanda que efetivamente afirmava que se você não compreendia o Kalachakra, você não tinha compreendido a intenção última do Buddha. Em resposta a esse ousado desafio, 500 eruditos debateram com Nalendrapa e foram derrotados. Esse evento estabeleceu firmemente os ensinamentos de Kalachakra na Índia, fazendo dele um dos sistemas de prática mais amplamente difundidos.

Eu rezo a Panchen Dawa Gonpo.

Do grande assento de Nalanda, os ensinamentos de Kalachakra foram disseminados por toda a terra ocidental da Kashmira pelo grande pândita Somanatha (Dawa Gonpo em Tibetano). Originalmente de ascendência islâmica, Somanatha se tornou um erudito brilhante ainda muito jovem. Viajando para Nalanda, ele estudou com alguns dos maiores mestres de seu tempo, em particular Kalachakrapada o Jovem e Nalendrapa. Através de sua prática dos Seis Vajra Yogas, Somanatha alcançou muitos poderes excepcionais, tais como o controle completo sobre seus ventos sutis. Reconhecendo a conexão cármica entre o Tibete e Shambhala, ele viajou para o Tibete em três ocasiões, dando ensinamentos gerais sobre os *Sutras da Perfeição da Sabedoria* e as *Cinco Coleções de Arya Asanga*. Para três discípulos muito especiais ele transmitiu as profundas instruções essenciais das práticas do Estágio da Completude de Kalachakra.

Preces à Linhagem Vajra Yoga da Tradição Dro

Droton Lotsawa　　　　Lama Lhaje Gompa　　　　Lama Droton Namseg

Eu rezo ao grande tradutor Droton Lotsawa.

Nascido no Tibete ocidental, Dro Lotsawa Sherab Drakpa teve muitos grandes professores indianos, no entanto ele considerava Somanatha como seu principal Guru. Juntos eles traduziram o comentário do Kalki Pundarika sobre o Tantra de Kalachakra Abreviado, conhecido como a *Luz Imaculada*. Ao tornar disponíveis para os praticantes tibetanos tanto as instruções escritas quanto orais em sua língua nativa, ele fez uma contribuição incrível para os ensinamentos do Kalachakra no Tibete. Por essa razão ele se tornou conhecido como um grande tradutor. Muito da última parte de sua vida Dro Lotsawa passou próximo a Somanatha, até a hora de sua morte.

Eu rezo ao Lama Lhaje Gompa.

Lama Lhaje Gompa, também conhecido como Konchok Sum, nasceu na região ocidental do Tibete, Penyul. Originalmente um praticante tântrico altamente realizado da Tradição Nyingma, ele era conhecido por sua capacidade de pacificar demônios e praticantes de magia negra. Enquanto Dro Lotsawa focou as traduções, Lhaje Gompa focou em praticar os ensinamentos que ele recebeu de Somanatha e assim dedicou todo seu tempo à meditação. Como resultado, ele atraiu muitos discípulos que desejavam receber dele as preciosas instruções para os Seis Vajra Yogas.

Eu rezo ao Lama Droton Namseg.

O principal discípulo de Lhaje Gompa foi o Lama Droton Namla Tsek que era um praticante tântrico leigo de robes brancos. Embora ele tenha recebido a transmissão de Kalachakra do Lama Lhaje Gompa, ele também estudou extensivamente com Somanatha que ensinou a ele as *Cinco Coleções* de Asanga e os *Seis Tratados Madhyamika* de Nagarjuna. Embora sua prática do coração fosse o Tantra de Kalachakra, é dito que ele tinha uma conexão direta com numerosas deidades Yidam e que Dakinis iluminadas prestavam sua assistência a ele sempre que ele precisava da ajuda delas. À medida que a fama de sua erudição e realização começou a se espalhar, Droton Namseg se tornou um mestre muito procurado. Dos três discípulos tibetanos de Somanatha, ele foi o principal responsável por propagar os ensinamentos de Kalachakra da Tradição Dro. No entanto, devido a seu enorme respeito e veneração pelos Vajra Yogas, ele seguiu o exemplo de seu mestre e manteve as instruções essenciais como uma linhagem sussurrada apenas de mestre para discípulo do coração.

INVOCAÇÃO COMPLETA DA LINHAGEM DO VAJRA YOGA

Lama Drupchen Yumo   Seachok Dharmeshvara   Khipa Namkha Öser   Machig Tulku Jobum

Eu rezo ao Lama Drupchen Yumo.

O Lama Drupchen Yumo Mikyo Dorje nasceu numa região do Tibete próxima aos Himalaias. Quando era muito jovem, ele foi ordenado como monge e se tornou altamente considerado por sua disciplina monástica pura. Quando rapaz, ele estudou todos os sutras e então eventualmente os tantras. Estabelecendo uma breve conexão com Somanatha, Yumowa foi receber a transmissão completa de Kalachakra do Lama Droton Namseg. Com base nesses ensinamentos, ele conquistou poderes excepcionais, tais como a habilidade de se manifestar em diferentes formas, assim como desenvolveu um grande conhecimento do Tantra de Kalachakra. Yumo é talvez mais conhecido por ser um dos primeiros Tibetanos a escrever sobre a Natureza Búdica de acordo com os ensinamentos do Kalachakra, baseado em sua própria experiência. Esses escritos podem ser vistos como um precursor dos escritos de Dolpopa acerca da *Visão Zhentong*.

Eu rezo a Seachok Dharmeshvara.

Seachok Dharmeshvara foi filho de Drupchen Yumo. Um erudito excepcional, com a idade de dezesseis anos, ele escreveu um comentário sobre as Iniciações de Kalachakra conhecido como *Wang Dorten* (*Sekkodesa* em sânscrito). É dito que quando ele tinha vinte anos ele podia compreender tudo que seu pai sabia. Muitas pessoas acreditavam que ele era uma emanação de Manjushri, uma vez que ele alcançou mestria em cada detalhe tanto dos sutras quanto dos tantras, permitindo a ele derrotar muitos renomados eruditos com sua lógica afiada. Dharmeshvara recebeu

43

ensinamentos de muitos Lamas, mas se sentiu particularmente atraído pelos *Tantras de Guhyasamaja e Kalachakra*. Seguindo os passos de seu pai, ele escolheu passar a linhagem de Vajra Yoga para seus três filhos. Em Tibetano *seachok* significa literalmente "filho supremo".

Eu rezo a Khipa Namkha Öser.

Khipa Namkha Öser nasceu em Kangsar e foi o filho mais velho de Seachok Dharmeshvara. Um yogi tântrico e um erudito, ele focou primariamente as Cinco Coleções de Asanga assim como nos Tantras de Guhyasamaja e Kalachakra. Dizia-se que ele tinha uma conexão direta com as deidades femininas Vajravarahi e Sarasvati. A palavra *khipa* significa "erudito extraordinário".

Eu rezo a Machig Tulku Jobum.

Machig Tulku Jobum foi filha de Dharmeshvara, e também foi considerada a reencarnação da irmã do Rei Indrabhuti. Após memorizar o grande comentário do Tantra de Kalachakra palavra por palavra, ela recebeu as instruções essenciais de seu pai e atingiu os dez sinais auspiciosos em um único dia. Em mais sete dias de prática intensiva, ela dominou seus ventos internos, direcionando-os para o canal central e assim se tornando uma grande yogini – uma praticante feminina altamente realizada.

Lama Drubtop Sechen   Chöje Jamyang Sarma   Kunkyen Chöku Öser

INVOCAÇÃO COMPLETA DA LINHAGEM DO VAJRA YOGA

Eu rezo ao Lama Drubtop Sechen.

Lama Drubtop Sechen nasceu com uma deficiência de fala e audição e ninguém acreditava que sua vida daria em alguma coisa. Não obstante, após receber as instruções para os Seis Vajra Yogas de sua irmã Machig Tulku Jobum e praticar sob a orientação de seu irmão Namkha Öser, ele rapidamente atingiu realizações. Estas incluíam a habilidade de relembrar suas vidas passadas e obter conhecimento de seu futuro. Mais tarde ele ficou conhecido como Semochen quando estabeleceu o monastério de Tsang Orlang Semoche.

Eu rezo a Chöje Jamyang Sarma.

Chöje Jamyang Sarma nasceu numa família Nyingma, mas depois de sua ordenação ele estudou em muitos monastérios diferentes. Após contrair lepra, ele realizou um extenso retiro de Vajrapani para superar sua doença. Durante esse retiro, ele teve uma visão de Manjushri que disse a ele para buscar instruções do Lama Drubtop Sechen. Enquanto ele viajava para encontrar Semochen, ele teve que vencer muitos demônios e forças obstrutivas, mas, ao receber a iniciação, ele foi capaz de perceber seu Lama na forma de Kalachakra. A partir daquele momento ele praticou os Seis Vajra Yogas, atingindo realizações ainda maiores. Jamyang Sarma foi responsável por fundar muitos eremitérios onde yogis dedicavam suas vidas à prática de Kalachakra. *Chöje* literalmente quer dizer "senhor do Dharma" ou "soberano do Dharma".

Eu rezo a Kunkyen Chöku Öser.

Kunkyen Chöku Öser foi filho de Serdingpa Zhonnu Ö. No seu nascimento foi predito que ele teria a habilidade de permanecer no estado de Dharmakaya e foi, portanto, nomeado *Chöku Öser* que significa "Dharmakaya radiante". Um grande erudito dos sutras e tantras, ele posteriormente desenvolveu incríveis realizações após receber iniciação e instruções de Kalachakra de Jamyang Sarma. Diz-se que ele podia perceber diretamente a forma irada de Kalachakra e, em uma ocasião, ele foi visto circumambulando uma estupa enquanto simultaneamente meditava

TESOURO OCULTO

em um quarto selado. *Kunkyen* literalmente significa "onisciente", ou "conhecedor de tudo".

Preces aos Mestres da Linhagem do Monastério Jonang

| Kunpang Thukje Tsondru | Jangsem Gyalwa Yeshe | Khetsun Yonten Gyatso |

Eu rezo a Kunpang Thukje Tsondru.

Kunpang Thukje Tsondru nasceu em 1243 e é considerado como uma emanação de um Rei Kalki de Shambhala. Após receber ordenação ele estudou extensivamente nos monastérios Sakya e Ngor, onde recebeu a transmissão de Kalachakra de acordo com a Tradição Ra. Mais tarde ele foi convidado a se tornar abade do monastério Kyangdur de Chöje Jamyang Sarma, onde ele recebeu a transmissão vivencial da linhagem Dro de Kalachakra, de Kunkyen Chöku Öser. Entrando em retiro, Kunpangje rapidamente alcançou muitas realizações com base nos Seis Vajra Yogas. Ainda não satisfeito, ele viajou pelo país, coletando as transmissões de todas as dezessete linhagens de instruções essenciais para os Seis Vajra Yogas. Então, a pedido da deusa local Nagmen Gyalmo, juntamente com as comunidades de Chi, Drak e Nak, Kunpangje se estabeleceu no Vale Jomonang onde ele fundou o Eremitério da Montanha Jonang. Foi aqui que Thukje Tsondru registrou todas as instruções essenciais que tinha recebido, tornando-se o primeiro tibetano a preservar os Seis Vajra Yogas por escrito. Como resultado, incontáveis estudantes afluíram para Jonang para estudar com esse grande mestre. Logo o nome de Gyalwa Jonangpa tornou-se sinônimo de estudo e prática de Kalachakra. A palavra *kunpang* é um título que significa "renúncia completa de todas as preocupações mundanas".

Eu rezo a Jangsem Gyalwa Yeshe.

Jangsem Gyalwa Yeshe foi ordenado na ordem Karma Kagyu, na qual praticou o Dharma por muitos anos. Quando ele falhou em conseguir quaisquer realizações, o Karmapa Karma Pakshi informou a ele que lhe faltavam as necessárias conexões cármicas. Ele aconselhou Gyalwa Yeshe a viajar para o Monastério Jonang para estudar sob a orientação do grande Thukje Tsondru. Quando ele ouviu o nome de Kunpangje, ele se encheu de grande fé e devoção. Uma vez recebidas todas as iniciações e instruções de Kalachakra, Gyalwa Yeshe rapidamente progrediu em sua prática dos Seis Vajra Yogas. Eventualmente suas realizações se igualaram às de seu mestre, e ele começou a disseminar o Dharma amplamente. Ele foi nomeado abade do Monastério Dechen e mais tarde se tornou o líder do Monastério Jonang. *Jangsem Gyalwa* quer dizer "Grande Bodhisattva".

Eu rezo a Khetsun Yonten Gyatso.

Khetsun Yonten Gyatso nasceu em uma família que seguia a tradição Nyingma e estudou com muitos grandes mestres de uma variedade de monastérios. Após receber as instruções de Kalachakra de Thukje Tsondru, ele levou à completude todas as práticas do Yoga da noite no curso de 21 dias. Enquanto praticava os Yogas do dia, seu corpo levitou o comprimento de uma flecha acima do chão, e por sete dias ele foi capaz de se mover sem impedimentos através das montanhas e vales em torno de Jonang. Ele também desenvolveu poderes clarividentes excepcionais e conhecimento supremo de todos os ensinamentos do Buddha, e é dito que seu corpo emitia uma fragrância agradável como resultado de sua excelente conduta moral. Yonten Gyatso foi um amigo do Dharma muito próximo de Gyalwa Yeshe e mais tarde se tornou seu sucessor, assumindo o trono do Dharma como abade do Monastério Jonang. Em Tibetano, *khetsun* significa "erudito com conduta moral excelente".

Kunkyen Dolpopa *Chogyal Choklé Namgyal* *Tsungmed Nyabon Kunga*

Eu rezo a Kunkyen Dolpopa, emanação dos Buddhas dos três tempos.

Kunkyen Dolpopa foi considerado uma emanação dos Buddhas dos três tempos porque sua realização e mestria dos ensinamentos do Buddha eram muito profundas e porque todos na província de Ü e Tsang o consideravam como seu mestre. Após obter suprema realização dos Vajra Yogas de Kalachakra em retiro, ele desenvolveu a incomparável Visão Zhentong e se tornou o quarto abade do Monastério Jonang. Ali ele desenvolveu um sistema unificado de estudo e prática budistas que combinava o estudo da Visão Zhentong com a prática em retiro focada nos Seis Vajra Yogas. Esse sistema tem sido mantido como a joia mais preciosa da Tradição Jonang até os dias de hoje.

Eu rezo a Chogyal Chokle Namgyal.

Chokle Namgyal era filho do Rei de Ngari Yatse, e recebeu muitos ensinamentos elevados de seu pai e seu tio enquanto ainda era

INVOCAÇÃO COMPLETA DA LINHAGEM DO VAJRA YOGA

consideravelmente jovem. Quando criança ele estudou em uma gama de monastérios diferentes e espantava a todos ao dar grandes ensinamentos públicos. Como ele sempre saía vitorioso nos debates, ele recebeu o título *Chogyalwa*, que quer dizer "o Invencível". Chokle Namgyal recebeu as iniciações e instruções de Kalachakra de Dolpopa e se tornou um de seus discípulos mais próximos, memorizando perfeitamente todos os grandes textos. Eventualmente ele se tornou o quinto abade do monastério Jonang, presidindo a comunidade primeiramente por seis anos e depois por outros quinze. Durante seu tempo ele se tornou professor de muitos grandes mestres, tais como o fundador da Tradição Geluk, Je Tsongkhapa, que recebeu dele muitos ensinamentos de Kalachakra. Em Tibetano *chogyal* quer dizer "Rei do Dharma", enquanto *Chokle* quer dizer "vitorioso em todas as direções".

Eu rezo a Tsungmed Nyabon Kunga.

Tsungmed Nyabon Kunga demonstrou grande inteligência desde tenra idade. Após ser reconhecido por Khetsun Yonten Gyatso como a reencarnação do grande mestre de Vajra Yoga, Jamsar Sherab, ele alcançou excelência em todos os seus estudos. Sua educação monástica sofreu um revés quando ele ficou extremamente doente com pouco mais de vinte anos. Contudo ele foi miraculosamente curado quando Dolpopa Sherab Gyaltsen visitou seu monastério e cuspiu nele. Eventualmente Dolpopa se tornou seu principal professor, embora ele também tenha recebido ensinamentos extensos e orientação de Chokle Namgyal. Nyabon Kunga escreveu prolificamente, com muitos de seus escritos sendo estimados até hoje. Muitos praticantes realizados de outras tradições foram os recipientes de seus ensinamentos, incluindo Sakya Rendawa e Lama Tsongkhapa. Posteriormente em sua vida ele fundou o Monastério Jonang de Tsechen. A palavra *tsungmed* literalmente quer dizer "incomparável".

Drupchen Kunga Lodrö   Jamyang Konchog Zangpo   Drenchog Namkha Tsenchan   Panchen Namkha Palzang

Eu rezo a Drupchen Kunga Lodrö.

Drupchen Kunga Lodrö nasceu na família real de Sharka e foi considerado a reencarnação de Butön Rinchen Drup. Ele estudou os ensinamentos do Buddha, especialmente o Tantra de Kalachakra, principalmente com Nyabon Kunga, ao mesmo tempo tendo recebido ensinamentos de muitos outros mestres. Tendo renunciado completamente ao apego à posses e status mundanos, ele se ordenou, eventualmente se tornando o sucessor de Nyabon como abade do Monastério Tsechen. Após tentar, sem sucesso, estabelecer a paz entre dois clãs em guerra, ele se tornou ainda mais desiludido com a existência cíclica e entrou em retiro por quase cinquenta anos. Durante esse tempo ele atingiu mestria não apenas dos Seis Vajra Yogas, mas de todos os sistemas tântricos de prática. Como um grande mestre Rimê, ele se tornou o professor de um oceano de discípulos de todas as grandes tradições.

Eu rezo a Jamyang Konchog Zangpo.

Jamyang Konchog Zangpo nasceu em Drakmar e foi considerado a reencarnação do grande Sakyapa Drakpa Gyaltsen. Ele foi treinado no Monastério Zangden, assim como em uma variedade de outras tradições, particularmente a Sakya. Após se tornar um grande erudito, ele recebeu a transmissão de Kalachakra de Kunga Lodrö e essa se tornou sua prática do coração. Ele prosseguiu recebendo as transmissões esotéricas de todas as principais tradições e rapidamente alcançou realizações. Durante sua vida ele manteve assento monástico em muitos monastérios, incluindo Jonang, Tsechen, Samding e o monastério não-sectário de Pelkhor Dechen. Dessa forma ele se tornou um importante detentor de linhagem não apenas para a Jonang, mas também para a Sakya e a Shangpa Kagyu.

Eu rezo a Drenchog Namkha Tsenchan.

Namkha Chökyong foi o discípulo de coração de Jamyang Konchok e estudou em vários monastérios no Tibete central. Como resultado da orientação recebida de seus mestres, ele rapidamente alcançou mestria da visão Zhentong e da prática dos Seis Vajra Yogas. Ele alcançou grande realização através da prática de Kalachakra e eventualmente se tornou o abade do Monastério Tsechen. Posteriormente ele assumiu o trono vajra do Monastério Jonang onde ele foi responsável por construir um telhado banhado em ouro para a grande estupa de Dolpopa. A palavra *drenchog* literalmente significa "supremo liberador".

Eu rezo a Panchen Namkha Palzang.

O grande Panchen Namkha Palzang era originalmente da tradição Sakya. Ele se tornou um especialista no Tantra de Kalachakra após receber iniciações e instruções de Namkha Chökyong. Ele atingiu grande realização praticando os Seis Vajra Yogas e então fundou um monastério chamado Drepung (que não deve ser confundido com a universidade monástica em Lhasa), bem como se tornou o novo abade do Monastério Jonang. Por mais de dezoito anos, ele também manteve o assento monástico de Namgyal Draksang em Jang, onde ele se tornou o professor de muitas figuras proeminentes no Tibete ocidental. A palavra *panchen* quer dizer literalmente "grande pândita" ou "grande erudito".

| Lochen Ratnabhadra | Palden Kunga Drolchok | Kenchen Lungrig Gyatso |

Eu rezo a Lochen Ratnabhadra.

O grande adepto Rinchen Zangpo, mais comumente conhecido como Lochen Ratnabhadra, foi um realizado praticante dos tantras [da tradição] Nyingma. Tendo treinado em muitos grandes monastérios, ele se tornou um respeitado erudito e também alcançou grande realização após receber os ensinamentos de Kalachakra de Namkha Palzang. É dito que ele tinha uma conexão direta com a deidade irada Mahakala e era capaz de pacificar muitos demônios. Posteriormente em sua vida, Ratnabhadra estabeleceu vários monastérios e centros de retiro, compôs um importante comentário sobre os Seis Vajra Yogas e restaurou o monastério do grande mestre Shangpa, Tangtong Gyalpo. A palavra lochen significa "grande tradutor".

Eu rezo a Palden Kunga Drolchok.

Kunga Drolchok nasceu em Ngari Gongtung e viveu entre 1507 e 1566. Ele alcançou mestria de muitos ensinamentos avançados em tenra idade e estudou com muitos grandes eruditos no Tibete central. Tendo uma conexão muito próxima com a Dakini iluminada Niguma, ele recebeu a transmissão dos *Seis Dharmas de Niguma* diretamente dela. Ele também alcançou mestria dos ensinamentos e prática de Kalachakra que recebeu de Rinchen Zangpo e atingiu realização extraordinária, com muitas visões impressionantes de seres iluminados. Ao longo de sua vida ele reuniu uma vasta quantidade de ensinamentos e práticas, se tornando um importante detentor de linhagem de muitas tradições. Enquanto manteve o assento monástico do Monastério Jonang por aproximadamente vinte anos, ele compilou todos os ensinamentos que tinha recebido em um único livro conhecido comumente como *"As Instruções Quintessenciais de Drolchok"*. Subsequentemente, Kunga Drolchok foi reconhecido por todo o país como um grande mestre Rimê. Próximo ao fim de sua vida ele fundou o Monastério Cholung Jangtse. A palavra palden quer dizer "glorioso".

Eu rezo a Kenchen Lungrig Gyatso.

Kenchen Lungrig Gyatso treinou principalmente em Serdokchen, o monastério do famoso mestre Zhentong, Shakya Chokden. Durante seu tempo ele se tornou um praticante realizado de Vajrayogini, a quem ele encontrou em um sonho. Mais tarde, quando ele encontrou Kunga Drolchok, ele recebeu as iniciações completas, transmissões e instruções essenciais para os Seis Vajra Yogas de Kalachakra. Ao colocar esses ensinamentos em prática ele atingiu notáveis poderes e realizações; por exemplo, ele podia ler sânscrito instintivamente sem jamais ter estudado as línguas da Índia. Ele também recebeu muitas visões de Mahasiddhas indianos que concederam a ele imaculadas transmissões de ensinamentos. Lungrig Gyatso se tornou tão respeitado que mesmo o nono Karmapa Wangchuk Dorje e o Sakya Trizin se referiam a ele como o "Tesouro do Dharma". A palavra *kenchen* significa "grande khenpo", alguém que é um brilhante erudito ou líder monástico.

TESOURO OCULTO

Preces aos Mestres da Linhagem de Takten Damchö Ling

Kyabdak Drolway Gonpo   Ngonjang Rinchen Gyatso   Khidrup Lodrö Namgyal   Drupchen Ngawang Trinlé

Eu rezo a Kyabdak Drolway Gonpo.

Kyabdak Drolway Gonpo, mais comumente conhecido como Jetsun Taranatha ou Kunga Nyingpo, viveu de 1575 a 1635, e é considerado um dos mais importantes mestres de linhagem da Jonang, atrás apenas de Kunkyen Dolpopa. Reconhecido por Lungrig Gyatso como a reencarnação de Kunga Drolchok, Taranatha recebeu a transmissão completa dos ensinamentos e práticas reunidos por seu predecessor. Após fundar a universidade monástica de Takten Damchö Ling, Taranatha escreveu mais de quarenta volumes de textos, criando um oceano do Dharma que detalhou cada aspecto da sabedoria e prática esotéricas. Ele também foi instrumental em reviver a visão original da filosofia Zhentong de Dolpopa, que ele sentiu ter se degenerado devido à falta de clareza em um número de pontos-chave. Enquanto manteve o assento do Monastério Jonang por muitos anos, ele foi conhecido por peregrinar pela região indo de monastério a monastério, reunindo ensinamentos, debatendo com eruditos e praticando em retiro. Como resultado disso ele se tornou um mestre verdadeiramente não-sectário que trazia inspiração e bênçãos a todos os que o encontravam. A palavra *kyabdak* significa "libertador onipresente de todos os seres".

Eu rezo a Ngonjang Rinchen Gyatso.

INVOCAÇÃO COMPLETA DA LINHAGEM DO VAJRA YOGA

Ngonjang Rinchen Gyatso nasceu na região de Tsang e foi ordenado por Taranatha. Ele progrediu rapidamente na prática de Kalachakra e, como um sinal de suas realizações, repentinamente se tornou capaz de absorver grandes volumes de conhecimento de modo instantâneo. Tornando-se o abade de Takten Damchö Ling, ele ensinou extensivamente e guiou retiros de prática no monastério por cerca de quinze anos. Posteriormente em sua vida, à medida que cada vez mais restrições eram impostas aos praticantes da Jonang, Rinchen Gyatso decidiu abandonar sua posição e entrar em retiro em Sagdak Riwo Dechen. Ali ele continuou a guiar um fluxo constante de praticantes dedicados que desejavam apenas praticar o precioso Dharma. A palavra *ngonjang* significa "realizado devido ao treinamento feito em vidas passadas".

Eu rezo a Khidrup Lodrö Namgyal.

Khidrup Lodrö Namgyal viveu entre 1618 e 1683. Ele foi considerado uma reencarnação da mãe de Dolpopa e se tornou discípulo de Taranatha quando tinha dezesseis anos. Ele recebeu ordenação completa de Rinchen Gyatso depois de muitos anos de prática do Dharma e, após receber iniciações, era frequentemente guiado por visões de Tara Branca. Em uma ocasião diz-se que ele impressionou o quinto Dalai Lama após compartilhar com ele sua realização da visão Zhentong. Posteriormente, Lödro Namgyal foi convidado a ensinar o Tantra de Kalachakra na inauguração do novo Monastério Dzamthang Tsangwa. A palavra *khidrup* literalmente quer dizer "erudito-yogi", alguém que é muito culto e também realizado.

Eu rezo a Drupchen Ngawang Trinle.

Drupchen Ngawang Trinle viveu entre 1657 e 1713 e foi profetizado por Dolpopa que ele teria grande impacto na disseminação do Dharma autêntico. Com dezesseis anos ele se tornou regente de Lodrö Namgyal e praticou os Seis Vajra Yogas sob sua orientação. Ele passou seis anos em retiro na caverna de Amitabha, e depois viajou e ensinou amplamente. Durante esse tempo ele se tornou o líder de muitos monastérios, guiando retiros de prática de Kalachakra e compondo muitos textos, tais como a recitação das sete preliminares de Kalachakra. Ele recebeu também ensinamentos de Lamas das mais variadas tradições e se tornou amplamente conhecido como um grande mestre Rimê. A última parte de sua vida ele passou em Dzamthang Tsangwa, onde foi convidado a ensinar. Ele ordenou uma vasta comunidade monástica e foi responsável por fundar muitos monastérios e novos centros de retiro nas regiões de Ngawa e Gyalrong. Enquanto viajava através da Mongólia no caminho de volta para o Tibete Central, ele estabeleceu vários monastérios a pedido do imperador.

Preces aos Mestres Vajra do Monastério Dzamthang Tsangwa

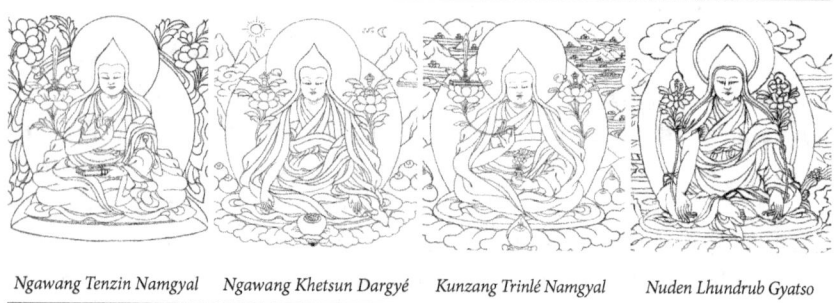

Ngawang Tenzin Namgyal   Ngawang Khetsun Dargyé   Kunzang Trinlé Namgyal   Nuden Lhundrub Gyatso

Eu rezo a Ngawang Tenzin Namgyal.

Ngawang Tenzin Namgyal, também conhecido como Gawi Chöpel, nasceu em 1690. Ele foi reconhecido como a primeira reencarnação do famoso Lodrö Namgyal. Quando tinha apenas dez anos, ele recebeu muitos ensinamentos de Chalongwa Ngawang Trinle, incluindo as instruções essenciais dos Seis Vajra Yogas. Com dezesseis anos ele foi ordenado e continuou a se dedicar à prática, alcançando muitas realizações extraordinárias. A pedido de Chöje Gyalwa Lhundrup, Tenzin Namgyal se mudou para o Monastério Dzamthang Tsangwa onde começou a ensinar os Seis Vajra Yogas como o principal Mestre-Vajra

INVOCAÇÃO COMPLETA DA LINHAGEM DO VAJRA YOGA

residente. Sob sua orientação muitos discípulos atingiram visões e outras realizações. Tal como Dolpopa antes dele, ele foi altamente influente na sociedade; contudo em 1738, com a idade de apenas quarenta e oito anos, ele infelizmente faleceu, dissolvendo sua mente no Dharmadhatu. A palavra *ngawang* significa "grande erudito dotado de fala poderosa" e é um epíteto relacionando a pessoa à sabedoria de Manjushri.

Eu rezo a Ngawang Khetsun Dargye.

Ngawang Khetsun Dargye foi o segundo detentor de linhagem de Kalachakra no Monastério Tsangwa. Ele foi renomado por seu vasto conhecimento do Dharma e sua exibição de conduta moral perfeita, assim como por sua profunda realização interior. Em particular, ele alcançou grande insight na prática dos Seis Vajra Yogas e teve vários grandes discípulos, tais como Kunga Chöpel e Chayur Chöjor.

Eu rezo a Kunzang Trinle Namgyal.

Kunzang Trinle Namgyal nasceu no Tibete oriental e foi reconhecido como a segunda reencarnação do fundador de Tsangwa, Lodrö Namgyal. Desde tenra idade ele estabeleceu conexão com muitos seres santos, incluindo seu Lama-raiz, Ngawang Khetsun Dargye. Ele recebeu inúmeras iniciações e instruções e atingiu realização notável através de prática diligente dos Seis Vajra Yogas. Mesmo o Karmapa, um dos mais elevados Lamas em todo o Tibete, viajou uma grande distância desde Ü-Tsang para visitá-lo e receber ensinamentos dele. A palavra *kunzang* quer dizer "que possui todas as boas qualidades".

Eu rezo a Nuden Lhundrub Gyatso.

Nuden Lhundrub Gyatso foi o discípulo mais influente de Kunzang Trinle Namgyal. Ele foi altamente realizado na prática do calor interno (tummo) e desenvolveu poder tântrico irado invencível, através do qual ele podia dominar todos os demônios e deidades locais. Ele foi responsável por estabelecer o Monastério Tsangwa Menor, realizando muitas atividades iluminadas com a ajuda de Jinpa Gyatso (a segunda reencarnação de

Ngawang Trinle). A palavra *nuden* quer dizer literalmente "que possui grande energia e poder curador".

Konchok Jigmé Namgyal — Ngawang Chöpel Gyatso — Ngawang Chökyi Pakpa — Ngawang Chöjor Gyatso

Eu rezo a Konchog Jigme Namgyal.

Konchok Jigme Namgyal nasceu no Vale Markok e foi considerado como a terceira reencarnação de Lodrö Namgyal. Ele estabeleceu conexão com muitos mestres e seres santos, especialmente Lhundrup Gyatso, que também era seu irmão de uma vida passada. Além de ter sido um mestre dos ensinamentos de Kalachakra, ele também recebeu ensinamentos da Dakini Niguma e atingiu muitas qualidades excepcionais como resultado de seu estudo e prática impecáveis. A palavra *konchok* quer dizer literalmente "raro e sublime", enquanto *jigme* quer dizer "destemido".

Eu rezo a Ngawang Chöpel Gyatso.

Ngawang Chöpel Gyatso, também conhecido como Tsangwa Gelong, nasceu em 1788 e foi treinado no Monastério Dzamthang Tsangwa desde os dez anos. Ele estudou com muitos professores e recebeu a transmissão para os Seis Vajra Yogas pela primeira vez do Lama Ngawang Gyaltsen com a idade de vinte e dois anos. Atingindo grande realização nos dois primeiros Yogas durante um retiro de três anos, ele mais tarde recebeu a transmissão completa de Jigme Namgyal. Ele também recebeu ensinamentos tais como o Dzogchen e os Seis Dharmas de Niguma de muitos outros Lamas

INVOCAÇÃO COMPLETA DA LINHAGEM DO VAJRA YOGA

e se tornou conhecido por suas habilidades clarividentes extraordinárias. Posteriormente em sua vida, Chöpel Gyatso ensinou e viajou amplamente, se tornando um dos principais professores dos grandes mestres Rimê, Jamgon Kongtrul e Patrul Rinpoche. Ele faleceu em 1865 em meio a uma demonstração de incontáveis arco-íris que apareceram no céu, um testamento apropriado à sua grande realização. A palavra *chöpel* quer dizer literalmente "detentor superior do Dharma".

Eu rezo a Ngawang Chökyi Pakpa.

Ngawang Chökyi Pakpa nasceu em 1808 na região de Zuka e foi ordenado por Konchok Jigme Namgyal quando tinha sete anos. Ele era especialmente proficiente na prática dos dois primeiros Vajra Yogas. Enquanto estava em retiro, certa vez ele teve visões do Rei Kalki Pundarika e de Kunkyen Dolpopa e também recebeu visões de Shambhala e da terra pura de Sukhavati. Com vinte e cinco anos ele estudou mais de cem mandalas e decorou todos os seus detalhes, tornando-se um mestre de rituais muito procurado. Muitas das descrições detalhadas de mandala usadas nos rituais Jonang hoje em dia podem ser atribuídas a ele. Como Mestre-Vajra de Dzamthang Tsangwa, Chökyi Pakpa foi responsável por construir um grande salão de oração. Ele faleceu em 1877 sem quaisquer sinais de doença ou dor, permanecendo por muitos dias na união da clara-luz mãe e filho.

Ngawang Chözin Gyatso   *Ngawang Tenpa Rabgyé*   *Lama Lobsang Trinley*   *Khentrul Jamphal Lodrö*

Eu rezo a Ngawang Chöjor Gyatso.

Ngawang Chöjor Gyatso nasceu em 1846 e recebeu os ensinamentos e iniciação de Kalachakra do Tsangwa Gelong, Chöpel Gyatso. Em certa ocasião, enquanto recebia sua iniciação, ele viu o Lama como Kunkyen Dolpopa e experimentou a Mente Búdica não-dual. Ele praticou diligentemente os Seis Vajra Yogas e atingiu muitas realizações grandiosas, incluindo poderes mágicos em seus sonhos e a percepção contínua de seu corpo no estado da clara-luz. Com a idade de quarenta e cinco anos ele se tornou o Mestre-Vajra de Kalachakra no Monastério Tsangwa. Ele faleceu em 1910.

Preces aos Mestres da Linhagem do Monastério Tashi Chötang

Eu rezo a Ngawang Chözin Gyatso.

Ngawang Chözin Gyatso, também conhecido como Lama Washul Lhazö, foi considerado como uma emanação de Akashagarbha, um dos oito grandes Bodhisattvas. Ele estudou no monastério Dzamthang Tsangwa, onde recebeu todas as instruções para os Seis Vajra Yogas, principalmente do Tsangwa Gelong. Ele compôs muitos rituais de prática e comentários e certa vez revelou que milhões de deidades estavam emanando de seu corpo. Suas realizações eram tão profundas que ele conseguia realizar atos milagrosos tais como caminhar através de paredes e viajar para terras puras, tais como Shambhala, para receber instruções. Muitas das práticas que foram reveladas a ele dessa forma ainda são usadas nos monastérios Jonang até os dias de hoje. Após passar um período fazendo uma turnê pela região como representante do Monastério Tsangwa, Chözin Gyatso entrou em retiro em um eremitério que eventualmente se tornaria o Monastério Tashi Chötang. Foi ali que ele ensinou muitos grandes mestres tais como Tenpa Rabgye e Bamda Gelek Gyatso. Depois de sua morte, dois conjuntos completos de ossos foram encontrados em sua estupa de cremação, indicando que ele tinha atingido a mais elevada das realizações, a união de imutável bem-aventurança e forma-de-vacuidade.

Eu rezo a Ngawang Tenpa Rabgye.

INVOCAÇÃO COMPLETA DA LINHAGEM DO VAJRA YOGA

Ngawang Tenpa Rabgye nasceu em 1875. Ele recebeu todas as instruções para os Seis Vajra Yogas de Ngawang Chözin Gyatso e experimentou muitos sinais indicando mestria da prática. Ele também praticou muitos outros tantras e teve inúmeras visões de diferentes deidades tântricas. Aos vinte e cinco anos de idade ele estudou e praticou no Monastério Dzamthang Tsangwa. Com cinquenta e seis ele se tornou abade do Monastério Chayul, e então mais tarde se tornou abade e mestre Kalachakra no Monastério Tashi Chöthang. Vivendo uma vida humilde, ele não tinha qualquer preocupação com riquezas ou posição social. Quando tinha setenta e seis anos, ele faleceu, permanecendo no estado da clara-luz por seis dias.

Eu rezo ao dissipador da escuridão, o precioso Lama Lobsang Trinley.

Lama Ngawang Lobsang Trinley nasceu no vale Zuka na região do Kham, no sudeste do Tibete, em 1917. Com a idade de quatorze anos ele estudou no Monastério Chayul sob a orientação de Ngawang Tenpa Rabye. Ele focou intensamente a prática de Kalachakra e atingiu os dez sinais de realização em duas semanas. Com cerca de trinta anos ele contraiu lepra e consequentemente entrou em retiro solitário por cinco anos, praticando Vajrapani. Enquanto estava em retiro, sua moléstia surgiu na forma de milhares de vermes fluindo de seu corpo, dissolvendo-se e então transformando-se em tormas. Ele passou depois o resto de sua vida tratando e curando muitas pessoas com lepra e outras doenças. Ele trabalhou incansavelmente para trazer o budismo Mahayana e Vajrayana de volta à sua forma pura e restabelecer o Monastério Chötang, que tinha sido largamente destruído devido a conflitos. Embora parecesse estar completamente saudável, ele faleceu em 1999, cumprindo suas próprias predições. Após treze dias seu corpo não demonstrava qualquer sinal de decomposição e muitas aparições miraculosas acompanharam sua morte. Ele enviou todas as suas relíquias preciosas para o Palácio Potala em Lhasa, não mantendo nem mesmo uma única relíquia em seu próprio monastério.

Eu rezo ao guerreiro do Dharma Khentrul Jamphel Lodrö.

Khentrul Jamphel Lodrö nasceu no dia 18 do segundo mês do ano do

Coelho de Água. Sua família vivia em uma comunidade nômade na província de Golok no Tibete Oriental. Ele foi reconhecido como uma reencarnação do mestre de sua mãe, Geshe Khentrul, que em sua vida anterior foi o mestre de Kalachakra Ngawang Chözin Gyatso. Com a idade de doze anos ele começou seus extensivos estudos e práticas budistas sob a orientação do Khenpo Sangten e vários outros Lamas. Frequentando onze monastérios no Tibete oriental ele estudou de forma abrangente as cinco tradições e empreendeu um retiro de Kalachakra de três anos no Monastério Chötang sob a orientação de seu principal mestre, Lama Lobsang Trinley. Em 1997, Lobsang Trinley concedeu a ele o título de Khenpo, dessa forma dando autorização a ele para ensinar e, dois anos mais tarde, ele foi escolhido pelo abade do Monastério Dzamthang Tsangwa para ensinar ali. Logo depois disso, ele resolveu abandonar sua posição de prestígio e passar um tempo em retiro solitário, antes de iniciar uma peregrinação à Índia em 2000 para praticar em muitos locais budistas sagrados.

Após várias audiências privadas com Sua Santidade o Dalai Lama, em 2003 ele chegou à Austrália. Seu objetivo era transmitir raros e preciosos ensinamentos de Kalachakra e estabelecer a Tradição Jonang no ocidente. O título *khentrul* significa tanto "erudito do Dharma" ou "abade", quanto "reencarnação reconhecida". O nome *Jamphel Lodrö* significa o "gentil e glorioso Manjushri", o Bodhisattva da sabedoria. Durante seu tempo no ocidente, Khentrul *Jamphel Lodrö* tem dedicado esforços significativos para aprender a língua inglesa e assim efetivamente transmitir o precioso Dharma da Tradição Jonang a seus estudantes.

Súplicas Adicionais ao Lama

Eu rezo ao meu Lama-raiz principal.
Eu rezo ao meu glorioso Lama.
Eu rezo aos senhores do Dharma.
Que todos os pais espirituais e seus filhos de coração me abençoem!

INVOCAÇÃO COMPLETA DA LINHAGEM DO VAJRA YOGA

Esse verso nos encoraja a ter uma atitude de profundo respeito e honra pelo Lama e toda a linhagem de mestres ou senhores do Dharma. Isso inclui os pais espirituais e seus filhos de coração, uma vez que a linhagem tem sido transmitida de mestre para aluno(a) de uma geração para a próxima. Aqui *Lama* se refere não apenas ao Mestre "raiz", mas qualquer um(a) de quem você tenha recebido iniciações e ensinamentos.

Quem quer que estime e tenha devoção incessante ao precioso Lama, Constantemente faz súplicas e presta homenagem ao Lama ao longo da vida. Que eu seja abençoado com a sabedoria primordial do guerreiro compassivo.

O próximo verso é um lembrete dos benefícios de relembrar esses Lamas e de cultivar devoção ou gratidão para com eles(as). Apenas lembrar deles(as) evoca suas próprias boas qualidades e, portanto, traz paz a você. Ao mesmo tempo, ter gratidão e devoção incessante para com eles(as) conduzirá a benefícios maiores. De uma perspectiva ordinária, gratidão e apreciação são causas para a sua própria felicidade. Tal gratidão pode também crescer e se transformar em devoção extraordinária e levar você à iluminação, que é o que se quer dizer por sabedoria primordial do guerreiro compassivo.

Que em todas as minhas vidas futuras eu nunca me separe do meu glorioso Lama. Que eu tenha grande alegria na minha prática do precioso Dharma. Que eu realize todos os caminhos iluminados e rapidamente atinja o estado de Vajradhara!

Quando você reza para nunca se separar do seu glorioso Lama, você está mostrando a seus professores grande honra e devoção. Também, se você tiver uma conexão forte ou vínculo cármico com seus professores e amigos do Dharma, você provavelmente vai encontrá-los novamente vida após vida. Se você não se separar da Sangha (que inclui todos os grandes seres Arya, assim como qualquer praticante aspirante que segue o Buddha), você nunca vai se separar do precioso Dharma e terá grande alegria em praticá-lo. Você realizará então gradualmente todos os caminhos iluminados, atravessando através dos vários níveis de realização e finalmente atingindo o estado de Vajradhara – completa iluminação.

(Tenha firme certeza de que os Lamas da sagrada linhagem dissolvem-se em luz e abençoam seu fluxo mental).

Todas essas práticas preliminares têm dois estágios – construir uma visualização e se conectar com o tema da prática; e, então, dissolver o que você construiu, reconhecendo que tudo é apenas uma composição da sua própria mente. Neste caso, os Lamas da sagrada linhagem, o foco de sua visualização, dissolvem-se em luz e então abençoam seu fluxo mental, tornando-se inseparáveis de sua própria mente. Durante a visualização, você treina sua mente no nível da verdade relativa – o nível das aparências. Quando dissolve sua visualização, você aprende a reconhecer a natureza vazia daquelas aparências – a verdade última.

SEGUNDA PARTE

As Preliminares Internas

— *O Campo de Refúgio da tradição Jonang* —
Assembleia de todos os Objetos Sublimes de Refúgio

CAPÍTULO QUATRO
Refúgio e Prostrações

Refúgio é a primeira das cinco práticas preliminares internas. Após contemplar as quatro convicções da renúncia, você fica com um senso de temor diante da perspectiva de permanecer no Samsara mesmo por um segundo a mais do que o necessário, mas esse temor é acompanhado pela grande esperança de que a liberação é de fato possível se você depositar sua fé e confiança nas Três Joias. Isso quer dizer especificamente ter fé no *Buddha* como seu guia, no *Dharma* como os ensinamentos que ele deu e na *Sangha* como seus companheiros espirituais. Sem tomar refúgio não é possível seguir o caminho do Buddha para a iluminação. Por essa razão, o refúgio é considerado a base de todos os caminhos budistas.

Tomar refúgio significa criar uma conexão espiritual entre você e todos os santos seres que corporificam as qualidades do Estado Búdico e se comprometer a seguir os ensinamentos que eles transmitiram através de uma linhagem autêntica. Nós podemos pensar no Buddha como um médico, no Dharma como um medicamento que ele prescreve para você e na Sangha como as enfermeiras que ajudam a cuidar de você enquanto você está doente. Essa Sangha inclui tanto a altamente realizada Arya Sangha (aqueles que enxergaram a verdade da vacuidade e estão no caminho para alcançar a iluminação), como também aqueles seres comuns que atuam como seus amigos espirituais ao longo do caminho. Embora a Sangha propicie condições favoráveis para o crescimento, no final cabe apenas a você tomar o remédio e realmente praticar as instruções fornecidas pelo Dharma.

Em geral nós podemos falar de dois tipos de refúgio: refúgio provisório e refúgio definitivo. No nível provisório, você pode fazer preces e prostrações para as Três Joias com grande fé e com a motivação de liberar todos os seres. Aqui, fé significa ter confiança total nos ensinamentos, que é a base para permitir que as bênçãos do refúgio adentrem você. Com relação à motivação, a melhor motivação para se tomar refúgio é a de liberar todos os seres sencientes da existência cíclica. No nível definitivo, você está tomando refúgio em sua própria Natureza Búdica e em seu potencial de se manifestar como os três Buddha-kayas. Dessa forma nós usamos o refúgio provisório como um espelho para refletir o refúgio definitivo.

A prática a seguir é dividida em três partes: estabelecer a visualização do refúgio, recitar as preces do refúgio enquanto se faz prostrações e então finalmente dissolver o campo do refúgio.

Visualização do Refúgio

Assim como com qualquer coisa nova, os detalhes dessa visualização do refúgio podem parecer intimidadores num primeiro momento. No entanto, tenha em mente que existem muitos níveis de significado embutidos em cada detalhe, fazendo com que seja importante manter todas essas características intactas. Através do trabalho duro e de muita prática, você certamente será capaz de desvelar essas camadas mais profundas de grande significado espiritual. Você deve procurar desenvolver uma visualização vibrante, clara e vívida, ao mesmo tempo enraizada em uma compreensão de sua natureza não-dual. Se você tem dificuldades com o componente visual, não se preocupe. Simplesmente foque sua atenção no sentimento de que todos esses objetos de refúgio estão realmente se manifestando no espaço à sua frente, e tenha a sensação da presença deles. No final, o que é mais importante é desenvolver sua consciência do que esses objetos significam em relação à sua prática.

> *Para tomar refúgio, que é o fundamento de toda prática do Dharma, primeiro vá para um lugar quieto ou isolado e deixe a mente repousar em seu estado natural, relaxada e focada. Visualize o espaço à sua frente como um reino puro ou iluminado, vasto e expansivo.*

O primeiro passo é tentar dissolver todas as aparências ordinárias e considerar o espaço à sua volta como sendo um reino puro ou iluminado, vasto e expansivo. Esse reino puro é livre de todos os conceitos ordinários fixos tais como grande e pequeno, ou coisas limitadas a apenas um aspecto. Isso é alcançado colocando a mente em seu estado natural: relaxada mas ao mesmo tempo focada. Você pode criar esse sentimento de abertura focando no espaço à sua volta ou descansando sua mente no seu centro cardíaco ao final de cada expiração.

No centro desse reino há um grande palácio feito de várias substâncias preciosas e adornado com joias e ornamentos maravilhosos. No centro do palácio encontra-se uma enorme árvore que realiza desejos, com vastos galhos drapeados e belas folhas, flores e frutos irradiando por todo o palácio. No topo dessa árvore encontra-se um magnífico trono sustentado por leões. Sobre o trono há um lótus multicolorido, com discos de sol, lua, rahu e kalagni.

As substâncias preciosas e os ornamentos que enfeitam o grande palácio simbolizam a perfeição e pureza do entorno. A árvore que realiza desejos representa uma base firmemente enraizada e a unidade de todos os seres iluminados, com galhos, folhas e flores caracterizando os muitos aspectos diferentes que são demonstrados para satisfazer os anseios de todos os seres. O trono de leão é um símbolo de majestade e poder, enquanto o lótus representa pureza, e os discos de sol e de lua representam sabedoria e compaixão.

Lama-raiz | Lamas da linhagem

Seu Lama-raiz está sentado sobre o trono na forma de Vajradhara azul; ele segura um vajra e um sino cruzados na altura do coração. O Buddha Primordial está sentado no topo da coroa do Lama-raiz.

Vajradhara é a forma tântrica da iluminação, como previamente descrito na invocação dos mestres da linhagem. Ele representa a mente iluminada do seu Lama-raiz e tem posição central, uma vez que ele é seu elo direto com a realização da iluminação.

Deidades Yidam | Buddhas Nirmanakaya

Em torno do seu mestre-vajra, nos galhos da árvore, estão todos os

Lamas da linhagem, os trinta e cinco Reis do Dharma de Shambhala e as deidades Yidam do Yoga Tantra Superior, tais como Kalachakra. À volta deles estão as deidades Yidam das quatro classes de tantra.

Nas preces anteriores nós focamos especialmente os Lamas da linhagem. Nós agora também incluímos as deidades Yidam que são as formas búdicas tântricas, em sua maioria iradas em aparência, que ajudam você a alcançar realização tântrica. Cada Yidam representa um conjunto diferente de qualidades iluminadas que você pode usar para focar sua mente e ativar seu potencial oculto.

O Buddha Shakyamuni está sentado abaixo das deidades Yidam.

Os Buddhas são aqueles seres completamente iluminados, oniscientes e onipresentes. Eles aparecem de acordo com o mérito dos seres nos três tempos – passado, presente e futuro – e nas dez direções – as quatro direções cardeais, as quatro direções intermediárias, acima e abaixo. Isso inclui o atual Buddha Shakyamuni assim como todos os Buddhas anteriores e futuros tais como Dipankara e Maitreya.

Bodhisattvas Arya

Arhats Shravakas e Pratyekas

Do lado direito dele, nos galhos da árvore, está a Arya Sangha Mahayana dos Oito Bodhisattvas, incluindo Maitreya, Manjushri e Avalokiteshvara.

A Arya Sangha de Bodhisattvas são todos aqueles no caminho para o Estado Búdico que realizaram diretamente a profunda visão da vacuidade, tais como o Bodhisattva da compaixão, Avalokiteshvara, e o Bodhisattva da sabedoria, Manjushri. A única intenção desses seres sublimes é conduzir todos ao Estado Búdico. Por essa razão você pode considerá-los como seus guias e protetores pessoais.

Do lado esquerdo dele está a Arya Sangha Hinayana de Shravakas e Pratyekas, tais como Shariputra.

Nós também tomamos refúgio na Arya Sangha de Shravakas e Pratyekas. *Shravakas*, também conhecidos como ouvintes, ouvem os ensinamentos do Buddha e atingem o estado de Arhat ou liberação individual, seguindo o caminho que é praticado hoje na tradição Theravada. *Pratyekas*, também chamados de realizadores solitários, encontram seu próprio caminho de liberação por meio da análise da verdade da originação interdependente, sem depender diretamente dos ensinamentos de um Buddha.

Dakinis de Sabedoria

Protetores do Dharma irados

Na base dessa árvore encontra-se um oceano de Dakinis e protetores do Dharma dotados com o olho divino, que guardam os preciosos ensinamentos. Eles estão posicionados protegendo você.

Dakinis, conhecidas como *khandro* em Tibetano, literalmente quer dizer "caminhantes do céu". Elas são formas femininas divinas com a habilidade de auxiliar praticantes genuínos. Elas corporificam um tipo de energia espiritual que protege seu progresso espiritual e supera obstáculos internos à sua prática. Protetores do Dharma são formas iradas que protegem você de obstáculos externos e forças destrutivas; eles corporificam um tipo de energia espiritual que impede a negatividade de se aproximar, como uma cerca de ferro ao seu redor. As Dakinis e protetores do Dharma rodeiam você como um oceano, assegurando que você sempre receba proteção espiritual.

Atrás dos galhos, o sagrado Dharma aparece na forma de preciosos textos dourados.

Finalmente, a joia do Dharma é representada por preciosos textos dourados, que você pode imaginar que estão ressoando com o belo som do Dharma, especialmente os ensinamentos definitivos sobre a Natureza Búdica e o glorioso Tantra de Kalachakra.

Tenha a firme convicção de que tudo que você visualiza se manifesta realmente dessa forma. Ao mesmo tempo, seja resoluto em tomar refúgio em nome de todos os seres sencientes, com grande anseio e devoção ao Lama, às Três Joias e ao oceano de proteção espiritual.

Mesmo que você não consiga lembrar de todos os detalhes, você deve ter uma certeza firme de que tudo que você está visualizando aparece realmente dessa forma; não se trata de um mero exercício de faz de conta. Como alguém que entrou no caminho Mahayana, você não está tomando refúgio sozinho, mas juntamente com todos os seres que estão intimamente conectados com você, uma vez que eles foram suas mães, companheiros(as), amigos(as) e parentes por incontáveis vidas. Você pode então visualizar seu pai do seu lado direito, sua mãe do seu lado esquerdo, seus adversários à sua frente (dando a eles uma posição de honra uma vez que eles ajudaram você a desenvolver paciência), e forças ocultas destrutivas atrás de você. Estendendo essa visualização a cada ser imaginável no Samsara, você conduz todos eles a tomar refúgio nas Três Joias juntamente com você. O oceano de proteção espiritual se refere à assembleia de refúgio inteira – o Lama-raiz, Lamas da linhagem, Yidams, Dakinis, protetores do Dharma e a Arya Sangha.

Enquanto você desenvolve sua visualização, você deve se lembrar de que os Lamas, Yidams, Buddhas e os demais não são algo externo como algum tipo de deus; ao invés disso, cada um é um reflexo de um aspecto importante de sua própria Natureza Búdica, aparecendo em formas diferentes para guiar você, ao mesmo tempo sendo unos em sua natureza de sabedoria.

Assim, reze com forte compaixão e intenção resoluta de liberar todos os seres, desejando fervorosamente que eles encontrem proteção dos sofrimentos do Samsara.

De acordo com o caminho Mahayana, você não está tomando refúgio apenas porque você está buscando se libertar do Samsara, mas porque você deseja que todos os seres encontrem proteção do sofrimento samsárico. Enquanto você realiza a prática do refúgio, você pode rezar fervorosamente com grande compaixão e intenção resoluta: "Que maravilhoso seria se todos eles pudessem ser livres. Que eles sejam livres. Eu vou ajudá-los a encontrar a liberdade. Eu rezo às Três Joias para que eles encontrem liberdade!"

Recitando as Preces de Refúgio enquanto faz Prostrações

(Enquanto você sustenta essa visualização da melhor forma possível, recite a prece longa de refúgio uma vez, e então repita a prece curta de refúgio três ou mais vezes enquanto realiza prostrações completas.

Prostrações completas são necessárias apenas quando o refúgio for sua prática principal).

Uma vez que você tiver estabelecido a visualização, você deve recitar a prece longa de refúgio uma vez, sustentando a visualização em sua mente e, então, repetir a prece curta de refúgio pelo menos três vezes enquanto faz prostrações completas. Enquanto realiza as prostrações, você deve preencher sua mente com pensamentos extraordinários, relembrando todas as qualidades maravilhosas dessas Três Joias preciosas.

Prece de Refúgio Longa

Em benefício de todos os seres-mães, ilimitados tal como o espaço, de agora em diante e até que eu alcance a essência da iluminação, eu tomo refúgio nos nobres senhores do Dharma, os gloriosos e puros Lamas-raiz e de linhagem, que corporificam corpo, fala, mente, qualidades e ações dos Buddhas dos três tempos e dez direções, e que são a fonte dos 84.000 Dharmas e da nobre Arya Sangha.

Não há sequer um único ser no Samsara que não tenha sido nossa mãe desde o tempo sem começo e, como nossas mães, eles nos amaram com toda bondade, amorosidade, cuidado e afeição possíveis. Da mesma maneira que o espaço é ilimitado, assim também é o número de seres-mães gentis que podem ser encontrados em todos lugares possíveis, tal como o espaço. É em benefício deles que você toma refúgio até que você alcance a iluminação.

Nessa prática nós consideramos o Lama, nosso professor humano que é nossa conexão direta com a iluminação, como sendo o objeto perfeito de refúgio, uma vez que ele corporifica as qualidades e ações de todos os Buddhas e é o recipiente através do qual nós ouvimos o Dharma. Ele é, portanto, o vínculo com os 84.000 Dharmas que o Buddha ensinou como remédio para as 84.000 aflições mentais que surgem das três delusões básicas – apego, aversão e ignorância. O Lama é também o rei da Nobre Arya Sangha, uma vez que ele é nosso vínculo com os incontáveis seres elevados que têm o poder de nos proteger e guiar.

Prece de Refúgio Curta

> Eu tomo refúgio nos senhores do Dharma, os Lamas gloriosos.
> Eu tomo refúgio na mandala iluminada dos Yidams.
> Eu tomo refúgio nos Bhagavans, os Buddhas perfeitos.
> Eu tomo refúgio no imaculado Dharma sagrado.
> Eu tomo refúgio na nobre Arya Sangha.
> Eu tomo refúgio nas Dakinis e nos protetores do Dharma oniscientes.
>
> *(Recite três vezes, ou mais, se você estiver focando a prática de refúgio.)*

Nós recitamos cada linha repetidamente pela duração de uma prostração. Por exemplo, enquanto repete "Eu tomo refúgio nos senhores do Dharma, os Lamas gloriosos", você completa uma prostração inteira. Da mesma maneira, enquanto recita "Eu tomo refúgio nos Yidams...", você faz outra prostração completa. Continue dessa maneira enquanto recita as linhas restantes.

Enquanto completa suas prostrações, você pode pensar no sofrimento de todos os seres e aspirar a trabalhar incansavelmente pelo benefício deles. Um total de seis prostrações deve ser completado para cada estrofe. Posto isto, é o sentimento e não o número preciso de prostrações o que é mais importante.

Na Tradição Jonang, sessões de prática de refúgio duram até duas horas e as preces e prostrações são em geral realizadas simultaneamente para alcançar 100.000 vezes ao todo. Essa prática reafirma nossa entrega e compromisso com as Três Joias e é também uma forma efetiva de destruir nosso orgulho.

Dissolução do Campo de Refúgio

Após uma sessão completada, a seguinte prece é recitada três vezes:

> Eu presto homenagem e tomo refúgio no Lama e nas Três Joias preciosas.
> Por favor abençoem meu fluxo mental!

Com esse verso você está fazendo uma transição para a parte final da prática, enquanto pede ao Lama e às Três Joias preciosas para abençoar seu fluxo mental e assim preencher você com todas as suas boas qualidades. Essas qualidades continuarão a crescer em seu fluxo mental até que você alcance a iluminação. Ao contrário das consciências dos cinco sentidos, essa consciência mental pode ser desenvolvida em ilimitadas formas e é o que torna a iluminação possível.

(Quando o refúgio é sua prática principal, uma vez que a recitação e as prostrações sejam completadas, visualize os objetos do refúgio dissolvendo-se em luz no seu fluxo mental como água sendo derramada em água. Tenha firme certeza de que você se inseparável do campo de refúgio. Se a prática de refúgio não é sua prática principal, continue a sustentar a visualização do refúgio adiante).

Quando o refúgio é sua prática principal, o passo final é dissolver o campo de refúgio, visualizando todos os objetos se dissolvendo em luz no seu fluxo mental, como também nas mentes de todos os outros seres sencientes. Essa é a prática de refúgio suprema, através da qual você aprende a reconhecer que não há mais nenhum "você" e "eles" independentes.

Esse processo é normalmente desenvolvido em quatro passos: (1) Primeiro o Lama-raiz e os Lamas da linhagem abençoam você com raios fulgurantes de luz. Então você recebe as bênçãos dos Yidams, seguido pelos Buddhas, textos do Dharma, Sangha, Dakinis e protetores do Dharma. (2) Luz então se irradia do campo de refúgio inteiro para purificar as impurezas de todos os seres, e se irradia para os reinos búdicos enquanto todos eles se tornam Buddhas. (3) As Dakinis e protetores do Dharma então se dissolvem na Sangha, que então se dissolve nos textos do Dharma. Os textos então se dissolvem nos Buddhas. Os Buddhas se dissolvem nos Yidams e os Yidams se dissolvem nos mestres da linhagem. Finalmente os mestres da linhagem se dissolvem no Lama-raiz Vajradhara. O vasto palácio e a árvore que realiza desejos também se dissolvem em

Vajradhara. (4) Finalmente Vajradhara vem para o topo de sua cabeça e se dissolve através do seu chakra da coroa, repousando no seu chakra cardíaco.

A ideia é simplesmente observar o processo e tentar reconhecer como todos esses objetos são, de fato, inseparáveis de sua própria mente. Esse processo é comparado à água sendo derramada na água, embora inicialmente possa parecer mais sólido que isso. Após praticar por algum tempo, a solidez da visualização se desfaz e finalmente pode ser sentida como quebrar um vaso e observar o espaço dentro dele se unir com o espaço fora dele.

Se o refúgio não é sua prática principal, continue a sustentar a visualização do refúgio enquanto você passa para a próxima prática preliminar, dissolvendo o campo no final da prática de Bodhicitta.

Dedicatória

Que através da força dessa virtude eu possa completar a acumulação de mérito e sabedoria e assim atingir os dois Kayas da iluminação para o benefício de todos os seres.

Como em qualquer prática Mahayana, você conclui dedicando a virtude ou mérito que você acumulou para que todos os seres possam atingir a iluminação. Mérito é a energia positiva criada por realizar essa prática ou quaisquer atos virtuosos com uma boa motivação. Sabedoria, por outro lado, é alcançar a realização de que a natureza última de todos os fenômenos relativos é vazia de existência verdadeira; isso é alcançado através de profunda prática de contemplação e meditação. Sabedoria e mérito são as causas para se atingir os dois Kayas da iluminação: o Dharmakaya, que é a sabedoria primordial que vê a verdadeira natureza de todos os fenômenos e o Rupakaya, que é a expressão compassiva da forma iluminada se manifestando para benefício de todos os seres. O Rupakaya inclui ambos os aspectos do Buddha, o Sambhogakaya e o Nirmanakaya.

Esquecer de dedicar o mérito de sua prática é como deixar dinheiro no parapeito da janela, onde pode ser facilmente roubado ou levado pelo vento. Dedicar o mérito para a iluminação, no entanto, é como investir dinheiro no banco. Ele nunca será destruído e continuará a se expandir até que você alcance a iluminação.

—*Avalokiteshvara, Manjushri e Vajrapani* —
Os Três Grandes Bodhisattvas da Compaixão, Sabedoria e Poder

CAPÍTULO CINCO
Gerando a Mente da Iluminação

Bodhicitta é a intenção altruísta extraordinária de atingir a iluminação em benefício de todos os seres. É essa atitude que é a essência do caminho Mahayana. A semente da Bodhicitta é a grande compaixão, que é primeiramente estabelecida ao se contemplar profundamente a natureza da relação que você tem com os seres sencientes, cultivando essa conexão que você experiencia com eles. Esse processo leva a uma forma de Bodhicitta conhecida como *Bodhicitta de Aspiração*. Quando essa aspiração é fortalecida, a mente naturalmente dará surgimento ao desejo de agir pelo benefício dos seres. Essa forma proativa de Bodhicitta é conhecida como *Bodhicitta de Aplicação*. É essa motivação poderosa que então provê a base para que você atinja seus objetivos espirituais mais elevados.

Para gerar a forma aspiracional de Bodhicitta, você deve primeiramente compreender que todos os seres são exatamente como você, eles desejam ser felizes e desejam evitar o sofrimento. Essa igualdade fundamental forma a base sobre a qual nós somos capazes de desenvolver amor e compaixão incondicionais para com todos os seres, a despeito de raça, cor ou credo. Ela abraça não apenas seres humanos, mas também o vasto reino animal e outras formas não-humanas de vida.

Além disso, desde um tempo sem princípio nós temos renascido no Samsara. A cada vez fomos apoiados e alimentados por seres sencientes que foram nossas mães, nossos amados, nossos amigos e familiares. Então, embora nós possamos não reconhecê-los nesta vida, nós podemos ter certeza de que já recebemos de todos eles bondade imensurável e que nós compartilhamos uma conexão muito íntima. Ao reconhecer essa conexão, ao desenvolver um senso profundo de gratidão por sua bondade, é natural que você desenvolva o desejo de retribuir de qualquer maneira que seja possível para você.

Quando você olha para o estado dos seres sencientes, suas queridas e amáveis mães, você vê que eles estão presos em um ciclo perpétuo de sofrimento infindável. É como se eles estivessem presos em um pesadelo sem qualquer conhecimento a respeito da possibilidade de acordar. Ao refletir cuidadosamente sobre essa difícil situação, você vai entender que a única forma de ajudá-los é mostrar a eles como vencer suas ilusões e praticar um caminho que os conduzirá à felicidade duradoura. Quando você assume essa tarefa como sua responsabilidade pessoal, você terá desenvolvido a intenção altruísta da Bodhicitta – o desejo de alcançar a mente onisciente da iluminação de modo que você possa ajudar suas queridas mães em cada circunstância possível, guiando-as passo a passo até que elas também alcancem a paz suprema. Ao desenvolver essa intenção vasta, você está fazendo muito mais do que curar um sofrimento temporário, você está provendo aos seres um método genuíno de alcançar a liberdade permanente do sofrimento.

Tanto a Bodhicitta de Aspiração quanto a Bodhicitta de Aplicação são consideradas provisórias em natureza. Elas são meios temporários que dão a você o combustível que você precisa para alcançar seu objetivo. Em última instância, no entanto, a iluminação é alcançada através de uma realização direta da natureza da realidade. Isso é conhecido como *Bodhicitta Absoluta*. Ela é como uma cerca que circunda e resguarda sua compaixão. Quando você realiza que, embora seu objetivo seja conduzir incontáveis seres à iluminação, nunca houveram quaisquer seres realmente existentes para começar a sua tarefa, a sua compaixão é livre para se manifestar de uma forma espontânea e não tendenciosa. Sua mente é capaz de descansar no significado definitivo e, a partir dessa perspectiva, se engajar em ações livres dos conceitos de uma pessoa que realiza a ação, da ação que está sendo executada e do objeto que é o foco da ação – cada um desses é considerado como uma manifestação da mente e, uma vez

GERANDO A MENTE DA ILUMINAÇÃO

que conceitos de sucesso e fracasso também existem apenas na mente, não há qualquer possibilidade de você se esgotar ou ser imobilizado por visões que são demasiadamente focadas em resultados ou moralismos. É essa perspectiva incrivelmente flexível que permite que você se torne um(a) guerreiro(a) compassivo(a) e destemido(a), *Bodhisattva*.

Uma vez que suas atitudes comecem a se transformar através da força de sua Bodhicitta, sua prática naturalmente transitará para um engajamento cada vez maior com os seres sencientes em sua vida. Isso significa tomar proveito daas muitas oportunidades que surgem para oferecer seu tempo e recursos para beneficiar os outros. Isso pode acontecer através de um voluntariado em sua comunidade local, ou trabalhando no dia a dia para trazer mais amor e compaixão para as suas relações. Nesse contexto, você se engaja no treinamento de Bodhisattva, especificamente focando as que são conhecidas como as *Seis Perfeições* – generosidade, disciplina ética, paciência, diligência, concentração meditativa e sabedoria.

À medida que nos engajamos em atividades cada vez mais significativas, nós começamos a ampliar nossa percepção das diferentes formas em que as pessoas sofrem. Nós começamos a ver que os sofrimentos óbvios – como o sofrimento do câncer, os sofrimentos relacionados a viver com uma deficiência ou os sofrimentos da morte próxima – representam apenas um nível de sofrimento. Quando nós olhamos mais proximamente, nós podemos ver que há também uma forma mais sutil de sofrimento que é experimentada, mesmo por aqueles que nós normalmente consideraríamos como pessoas ricas e de sucesso, tal como os sofrimentos do medo, ansiedade e estresse. O desafio para o nosso exercício é mirar mais profundamente na natureza das experiências dos seres sencientes e desenvolver uma compaixão profunda por cada um deles. Essa compaixão conduzirá sua prática e inspirará você a agir.

Para a prática preliminar da Bodhicitta, você recita e contempla o significado de várias preces que são concebidas para ajudar você a gerar a aspiração de alcançar a iluminação. Nessa prática, nós pedimos às Três Joias para serem testemunhas enquanto desenvolvemos uma firme convicção de agir pelo benefício dos seres sencientes. Para realmente conferir força a essas meditações, é ideal se você puder suplementar sua recitação com uma grande quantidade de estudo e reflexão em tópicos como Bodhicitta, Votos de Bodhisattva e as Seis Perfeições. Esse material dará a você um contexto claro para sua prática e oferecerá muitos ângulos diferentes a serem considerados. Se você estiver realmente comprometido(a) com esse processo, você vai querer passar pelo menos alguns meses de prática intensiva nessas contemplações, ou o tanto quanto seja necessário para que você se familiarize com os pontos essenciais.

Lembre-se de que essa prática em particular não tem a ver com repetir preces milhares de vezes. Você não as acumula como você faz com prostrações ou mantras. Ela tem mais a ver com despender tempo para verdadeiramente integrar essa atitude em seu comportamento. Posto isto, existem três partes conectadas com essa preliminar: gerar Bodhicitta de Aspiração, fortalecer sua aspiração com as Quatro Incomensuráveis e renovar seu voto de se engajar no treinamento de Bodhisattva.

Gerando Bodhicitta de Aspiração

Você começa primeiro estabelecendo sua visualização do Campo de Refúgio como um suporte para sua prática de Bodhicitta. Usualmente os praticantes recitam as preces de refúgio antes dessa prática, então a visualização deve estar fresca em sua mente. Se não, então simplesmente tome algum tempo para restabelecer os detalhes da visualização. Nessa prática é muito importante ter um senso claro de estar rodeado pelos incontáveis seres sencientes. É, afinal de contas, o sofrimento deles que é o suporte primário para desenvolver a qualidade da compaixão. Uma vez que você tenha trazido a visualização à mente e tomado refúgio pelo menos três vezes, continue recitando a seguinte prece:

> *Pela liberação de todos os seres, eu alcançarei o completo Estado Búdico;*
> *Portanto, devo meditar no profundo caminho do Vajra Yoga.*

(Repetir três ou mais vezes)

GERANDO A MENTE DA ILUMINAÇÃO

Nessa prece você está gerando a aspiração de alcançar o completo Estado Búdico, de modo que você possa beneficiar todos os seres sencientes da melhor e mais ampla maneira possível. Essa primeira linha ressalta os dois componentes chave da motivação: propósito e método. O propósito é trazer benefício aos seres sencientes, baseado num tremendo sentimento de conexão com os outros e o forte desejo de libertá-los de todas as formas de sofrimento. O método é o que você precisa fazer para cumprir seu propósito. Uma vez que apenas a mente onisciente de um Buddha é completamente livre de todas as limitações, apenas um Buddha pode verdadeiramente beneficiar todos os seres sencientes sem exceção. Ao atingir os dois Kayas do Estado Búdico, você alcança não apenas o benefício supremo para si mesmo(a), mas também o benefício último para os demais.

O sabor desse desejo é capturado de forma muito bela em *O Guia para o Modo de Vida do Bodhisattva de Shantideva*:

Que eu seja um(a) protetor(a) para aqueles sem proteção,
Um(a) guia para todos aqueles que no caminho peregrinam,
Que eu me torne um barco, uma jangada ou uma ponte,
Para todos aqueles que desejam atravessar as águas.

Que eu seja uma ilha para aqueles que desejam terra firme,
E uma lamparina para aqueles que desejam luz,
Que eu seja uma cama para aqueles que necessitam de descanso,
E um(a) servo(a) para todos aqueles que se encontram em necessidade.

Que eu me torne uma joia dos desejos, um vaso mágico,
Um poderoso mantra e um medicamento maravilhoso.
Que eu seja uma árvore milagrosa que concede qualquer desejo,
E uma vaca-da-abundância que sustenta o mundo inteiro.

Como a terra e outros grandiosos elementos,
E como o próprio espaço, que eu permaneça para sempre,

Para sustentar a vida de incontáveis seres,
Concedendo a eles tudo o que eles possam precisar.

Assim, em todos os reinos dos seres,
Onde quer que o próprio espaço permeie,
Que eu seja uma fonte de tudo o que a vida requer,
Até que os seres cruzem para além das dores do Samsara.

Para poder realizar o Estado Búdico tão rápido quanto possível, métodos poderosos são necessários para cessar as ilusões e purificar sua mente de qualquer condicionamento cármico. Por essa razão nós fazemos a aspiração de meditar nesse profundo Caminho Vajra Yoga do Estágio de Completude de Kalachakra. Esse é o método supremo usado na Tradição Jonang para desenvolver um nível profundo de concentração e insight na natureza da realidade. Com a pura motivação de Bodhicitta, uma grande dose de trabalho árduo e compromisso inabalável, é definitivamente possível alcançar a iluminação em uma única vida.

Enquanto você recita essa prece, tome tempo para refletir no que essas palavras significam para você. Considere porque é tão importante para você ajudar os seres sencientes. O que será necessário para que você realize os desejos deles? Quais são os benefícios de se alcançar o Estado Búdico? Quais são os benefícios de se praticar o Caminho Kalachakra? Se você puder responder sinceramente às essas questões, então essa aspiração assumirá um significado profundo e proporcionará a você uma base sólida para seu constante desenvolvimento espiritual.

Cultivando as Quatro Incomensuráveis

No começo dessa prática, nossa aspiração de alcançar a iluminação é bem fraca. É como uma única semente que acabamos de enterrar no solo. Se nós temos alguma esperança de experienciar o fruto dessa semente, nós precisamos nutrir nossa aspiração de modo que ela possa nos

GERANDO A MENTE DA ILUMINAÇÃO

empoderar para que nos engajemos em ações virtuosas. Esse processo de amadurecimento é realizado através do que é conhecido como as *Quatro Incomensuráveis* – amor, compaixão, alegria e equanimidade. Nós cultivamos essas qualidades recitando essas quatro aspirações básicas, onde cada linha coincide com cada uma das Quatro Incomensuráveis respectivamente:

Que todos os seres encontrem a felicidade e as causas da felicidade.
Que todos os seres se libertem do sofrimento e das causas do sofrimento.
Que todos os seres nunca se separem da sublime bem-aventurança que é livre de sofrimento.
Que todos os seres permaneçam em grande equanimidade, livres de apego e aversão.

(Essa prece é repetida uma ou três vezes, ou mais se você estiver focando a prática de Bodhicitta).

No começo, nossa Bodhicitta é bem limitada devido ao nosso preconceito com alguns seres sencientes. À medida que cultivamos essas quatro qualidades, nós quebramos as barreiras de nosso preconceito, nos permitindo incluir mais e mais seres em nossa aspiração. Quando o preconceito é completamente removido, essas qualidades estão livres para se tornar *"incomensuráveis"* – incomensuráveis no sentido de que nossa motivação é direcionada a incontáveis seres sencientes; incomensuráveis no sentido de que estamos dispostos a dedicar inúmeras vidas futuras para alcançar nossa meta e, finalmente, incomensuráveis no sentido de que o resultado de atingir o Estado Búdico é dotado de um espectro infinito de qualidades iluminadas.

Pode ser útil, quando meditamos nas Quatro Incomensuráveis, começar primeiro refletindo na natureza de nossa relação com os seres sencientes. Em particular, tente estabelecer uma conexão ao considerar as formas em que todos somos iguais. Também considere a incrível bondade que os seres sencientes demonstraram a você nesta vida e, por inferência, em incontáveis vidas passadas. Tente cultivar um senso de afeição que vê os seres sencientes como seus entes queridos, como sua mãe ou um membro familiar próximo. Quanto mais forte sua afeição pelos seres sencientes, mais forte é seu desejo de vê-los livres do sofrimento.

A partir dessa base, você pode começar a recitar a prece das Quatro Incomensuráveis. Para cada linha, tente cultivar uma intenção progressivamente mais forte. Comece se acostumando com a possibilidade de que os seres sencientes possam realmente experienciar sua aspiração. Por exemplo, você pode substituir a palavra "Que" por "Quão maravilhoso seria se..." para criar o verso: "Quão maravilhoso seria se todos os seres sencientes encontrassem a felicidade e as causas da felicidade!".

Tendo estabelecido a possibilidade, você pode repetir a linha novamente, mas com um anseio forte para que a aspiração realmente se cumpra. Assim, para a primeira incomensurável do amor, você poderia recitar: "Que todos os seres sencientes encontrem a felicidade e as causas da felicidade!". A chave aqui é verdadeiramente acreditar que esse resultado é algo que vale a pena e é desejável.

Então recite a linha novamente, mas agora reconheça que os seres sencientes têm sofrido no Samsara desde um tempo sem começo e a não ser que alguém faça um esforço, essa aspiração não vai se realizar. Portanto, desenvolva um senso de responsabilidade por tomar uma atitude. Por exemplo, você pode pensar: "Que eu seja a causa para que todos os seres sencientes encontrem a felicidade e as causas da felicidade!". Quando essa aspiração genuinamente surgir em sua mente, então você terá gerado a intenção altruísta que marca a transição da Bodhicitta de Aspiração para a Bodhicitta de Aplicação.

Por fim, nós precisamos reconhecer que, para ter sucesso em nossa aspiração, precisaremos de um apoio considerável. Por essa razão, relembre seus objetos de refúgio e, do fundo de seu coração, reze a eles para que concedam a você a força e a determinação que você precisa. Se você puder integrar esses quatro aspectos em cada uma das Quatro Incomensuráveis, gradualmente sua convicção e confiança aumentarão.

Para cultivar as Quatro Incomensuráveis, você pode usar o verso de quatro linhas da prece da Escada Divina, ou você pode usar a seguinte versão expandida:

Quão maravilhoso seria se todos os seres sencientes encontrassem a felicidade e as causas da felicidade!
Que eles encontrem a felicidade e suas causas!
Eu mesmo serei a causa para que eles alcancem ambas!
Por favor, Guru-Buddha, conceda-me suas bênçãos para que
Eu seja capaz de realizar essa aspiração.

Quão maravilhoso seria se todos os seres sencientes se libertassem do sofrimento e de suas causas!
Que eles se libertem do sofrimento e de suas causas!
Eu mesmo os libertarei do sofrimento e de suas causas!
Por favor, Guru-Buddha, conceda-me suas bênçãos para que
Eu seja capaz de realizar essa aspiração.

Quão maravilhoso seria se todos os seres sencientes nunca se separassem da bem-aventurança de renascimento superior e liberação!
Que eles nunca se separem da bem-aventurança de renascimento superior e liberação!
Eu mesmo serei a causa para que eles nunca se separem de ambos!
Por favor, Guru-Buddha, conceda-me suas bênçãos para que
Eu possa ser capaz de realizar essa aspiração.

Quão maravilhoso seria se todos os seres sencientes permanecessem em equanimidade, livres de apego e aversão!
Que eles permaneçam em equanimidade!
Eu mesmo serei a causa para que eles possam permanecer em equanimidade!
Por favor, Guru-Buddha, conceda-me suas bênçãos para que
Eu possa ser capaz de realizar essa aspiração.

Tomando o Voto de Bodhisattva

Ao final da sessão, se você tiver recebido previamente o voto de Bodhisattva de um(a) professor(a) autêntico(a), agora é um bom momento para renovar esse voto. Com o Campo de Refúgio vívido em sua mente, com um dos joelhos dobrado no chão e com as palmas das mãos unidas, recite os seguintes versos de *O Guia para o Modo de Vida do Bodhisattva*:

> Assim como os Sugatas dos tempos passados
> Despertaram Bodhicitta e então, em estágios,
> Treinaram a si mesmos nas práticas de meios hábeis,
> Ao longo do genuíno caminho dos Bodhisattvas,
>
> Tal como eles, eu tomo este voto sagrado:
> Despertar Bodhicitta aqui e agora,
> E treinar a mim mesmo(a) pelo bem dos demais,
> Gradualmente, como cabe a um Bodhisattva.
>
> (Repita três vezes, e então desenvolva a certeza de que você gerou o Voto de Bodhisattva).

Embora essa seção não seja parte tradicional da Escada Divina, eu a inseri aqui porque acredito ser importante renovar seus votos diariamente. Isso ajuda a manter seus votos puros e fortalecer seu compromisso de praticar as Seis Perfeições. Se você não recebeu esses votos, você é livre para pular essa seção completamente.

Conclusão

Para concluir sua sessão, você deve agora dissolver o Campo de Refúgio como descrito no capítulo anterior sobre a prática de refúgio. Primeiro as Dakinis e Dharmapalas se dissolvem na Arya Sangha; a Sangha então se dissolve no Dharma; o Dharma se dissolve nos Buddhas; e os Buddhas se dissolvem nos Yidams e Gurus respectivamente. Finalmente os Gurus e a visualização inteira se dissolvem em Vajradhara que vem para o topo da sua cabeça e se dissolve em você. Descanse por um tempo nesse estado e então termine dedicando qualquer mérito que você tenha acumulado para a iluminação de todos os seres sencientes.

CAPÍTULO SEIS
Purificação de Vajrasattva

A prática de Vajrasattva permite que você revele a realidade de sua Natureza Búdica, que está escondida como resultado de impurezas criadas pelo apego, agressão e delusão. Nossa situação atual é como a de um pedaço de vidro sujo. Essa prática confere a você um método poderoso para limpar a sujeira enquanto permanece confiante de que debaixo da sujeira jaz um vidro cristalino, completamente puro e imaculado. Através da prática de Vajrasattva, essa confiança crescerá constantemente à medida que você se aproxima cada vez mais de descobrir a pureza inata de sua natureza mais profunda.

O que é que precisamos purificar? Neste momento nós estamos dominados por nossas emoções negativas e estamos controlados pelo condicionamento cármico que nós desenvolvemos ao longo de incontáveis vidas. A maior parte das pessoas raramente considera o papel que o carma negativo desempenha em suas experiências desafortunadas ou nos obstáculos que elas encontram. Como a influência do carma fica escondida de nossa consciência ordinária, nós normalmente não reconhecemos que aquilo que nós consideramos como as causas da nossa felicidade ou sofrimento são apenas condições temporárias – elas não são a raiz.

Além disso, nós carregamos, dentro do nosso presente fluxo mental, propensões cármicas específicas que nos impedem de desenvolver uma boa compreensão do Dharma, ou de nos engajar efetivamente em determinadas práticas. Isso é especialmente verdadeiro no que diz respeito a práticas profundas como os Seis Vajra Yogas. De acordo com o Budismo Vajrayana, todas essas propensões negativas são mantidas energeticamente na forma de "nós" nos canais de nosso corpo sutil. Uma vez que a mente está intimamente ligada com o movimento da energia, até que esses nós sejam purificados você será incapaz de alcançar realizações mais elevadas. Por essa razão nós usamos essa prática especial de visualização de Vajrasattva para "lavar" toda essa energia negativa e curar o corpo sutil, tornando-o adequado para a prática. Ao purificar essas propensões cármicas você previne que elas amadureçam no futuro, assegurando seu progresso efetivo no caminho espiritual. A purificação é alcançada através do uso de quatro componentes conhecidos como os *Quatro Poderes*:

1. **Poder da Confiança:** Para transcender nossas próprias limitações, é importante confiar em objetos que sejam realmente capazes de nos dar refúgio contra nossos sofrimentos. Em geral, o principal objeto de nosso refúgio são as Três Joias – Buddha, Dharma e Sangha. Para essa prática, no entanto, nós confiamos especificamente na força curadora e na pureza de nossa própria Natureza Búdica, se manifestando na forma da deidade branca radiante conhecida como Vajrasattva. O nome "Vajrasattva" literalmente quer dizer "guerreiro iluminado" ou "a corporificação da energia indestrutível da iluminação".

    Nessa prática nós gradualmente construímos nossa visualização de Vajrasattva por meio da recitação de muitos detalhes. O ponto essencial a ser lembrado é sentir a presença de Vajrasattva no espaço acima de você. Você pode fortalecer sua conexão pessoal com Vajrasattva reconhecendo que a natureza dele é inseparável da natureza de seu Lama e, portanto, inseparável de sua própria natureza. É a sua conexão com essa natureza que vai purificar sua mente e guiá-lo(a) para a iluminação. Se a sua confiança em Vajrasattva é forte e estável, você pode ter certeza de que a purificação subsequente será igualmente poderosa.

2. **Poder do Arrependimento:** Com Vajrasattva como sua testemunha, o próximo passo é reconhecer genuinamente suas propensões negativas sem esconder nada. Você abandona completamente todo senso de orgulho e expõe seus erros na presença do Buddha

Vajrasattva. Você reconhece que devido à ganância, ódio e descuido você se comportou insensatamente, e que as propensões criadas por essas ações definitivamente levarão ao sofrimento no futuro. Você pode pensar nessas ações negativas como um veneno letal que você acabou de ingerir. Assim você desenvolve um desejo forte de se libertar completamente do veneno e se purificar completamente de toda negatividade.

Nas culturas ocidentais, nós devemos ter cuidado para distinguir o arrependimento sincero dos sentimentos de culpa e autocrítica. Purificação diz respeito a se lembrar de que a nossa natureza subjacente é pura e livre de máculas. Ela é repleta de qualidades iluminadas, tais como amor e compaixão incondicionais. Essa natureza deve ser o nosso foco.

3. **O Poder do Antídoto**: Com forte arrependimento em nossa mente, nós então precisamos nos engajar em uma ação virtuosa que nos ajudará a criar uma força positiva contrária às propensões que nós estamos tentando purificar. Nessa prática, o "antídoto" é recitar o mantra de Vajrasattva enquanto visualizamos nosso corpo sendo purificado por um néctar branco radiante que limpa todas as impurezas. Ambas as técnicas são meios hábeis para nos ajudar a lembrar da pureza de nossa natureza.

Embora essa prática especial seja um método particularmente poderoso de purificação, existem muitos outros métodos que você também pode utilizar. Por exemplo, você pode se esforçar para realizar boas ações, ser bondoso e compassivo com os outros, fazer reparações àqueles a quem você prejudicou, cultivar paciência em face às adversidades ou pedir perdão quando for apropriado. Não importa qual o método você escolha como antídoto, lembre-se de dedicar os méritos à purificação de sua mente.

4. **O Poder da Abstenção**: Para concluir o processo de purificação, você precisa estabelecer uma firme resolução de se abster de

cometer tais ações novamente. Se você identificou com clareza o comportamento equivocado ou voto quebrado, você deve tentar gerar a determinação de nunca mais repetir aquela ação no futuro, mesmo que isso custe a sua vida. Desenvolver essa forma de abstenção firme é o que dá poder à sua purificação, tornando possível limpar vidas de carma negativo.

Falando de forma prática, no entanto, se você não se sente capaz de abandonar um comportamento específico completamente, você pode começar fortalecendo sua resolução de se abster daquela ação por um período específico. Por exemplo, você pode pensar, "Durante a próxima semana eu não farei isso ou aquilo". O ponto principal é desenvolver uma forte aspiração de se abster de uma conduta negativa; assim, com o tempo, essa resolução eventualmente se tornará poderosa o suficiente para que a não-virtude seja abandonada completamente.

Para nos ajudar a gerar essas quatro forças, a prática a seguir foi especialmente concebida para assegurar que sua purificação seja tanto forte quanto efetiva. Você pode recitá-la como uma prática própria ou como parte de sua recitação diária da Escada Divina.

Uma Breve Prática de Vajrasattva com Comentário

Antes de começar essa prática, você deve tomar refúgio nas Três Joias e gerar Bodhicitta, como descrito previamente. Com isso como sua base você pode começar a prática em si.

PURIFICAÇÃO DE VAJRASATTVA

Visualização

Nós começamos primeiro estabelecendo a visualização em nossa mente. Antes de gerar uma visualização, você deve dissolver quaisquer aparências ordinárias recitando o seguinte mantra:

OM SVABHAVA SHUDDHA SARVA DHARMA SVABHAVA SHUDDHO HAM
Todos os fenômenos, incluindo a própria pessoa, adentram no estado natural de vacuidade.

O propósito desse mantra é purificar todas as aparências no puro estado natural de vacuidade, a verdade última, que é vazia de todos os fenômenos ilusórios. Você deve visualizar seu corpo e todas as aparências como um reflexo vazio, tal como o reflexo da lua em um lago.

Do estado natural de vacuidade, acima da coroa de minha cabeça, a sílaba PAM (པཾ) surge e se transforma numa flor de lótus branca de oito pétalas. A sílaba AH (ཨཿ) surge sobre o lótus e se transforma num disco de lua cheia. Acima do disco lunar surge a sílaba HUM (ཧཱུྃ) que se transforma num vajra branco de cinco pontas com a sílaba HUM (ཧཱུྃ) ao centro.

Lentamente o estado natural de vacuidade se torna vívido, como um reflexo num espelho, e daí surge a sílaba PAM que se transforma em uma flor de lótus branca, simbolizando o não-apego inato da Natureza Búdica. A sílaba AH representa a fala de todos os Buddhas, enquanto a lua cheia é um símbolo da compaixão. A sílaba HUM representa a mente de todos os Buddhas, e o vajra representa o poder espiritual e a sabedoria indestrutíveis e inquebrantáveis deles. Vajras são normalmente feitos de metal e têm cinco pontas de cada lado, representando as cinco Famílias Búdicas ou as Cinco Sabedorias de um Buddha.

Para revelar o Dharmakaya ou o Buddha natural dentro de nós, nós precisamos acumular mérito e purificar todas as impurezas em um nível relativo. O lótus, o vajra e as sílabas-semente representam a geração de mérito e o processo de purificação durante os diferentes estágios da existência: nascimento, vida natural, morte, bardo e renascimento.

Esse HUM (ཧཱུྃ) irradia luz para todos os universos e faz inúmeras oferendas a todos os seres Arya. A luz então se irradia para todos os seres e purifica suas negatividades e obscurecimentos. Ela então retorna e se dissolve na sílaba HUM (ཧཱུྃ), e o vajra branco de cinco pontas se dissolve por fim completamente em luz.

A sílaba HUM é a essência da mente de todos os Buddhas. Quando você irradia luz fazendo oferendas a todos os seres Arya, você está invocando as bênçãos de todos os Buddhas. Visualizar a luz dessas bênçãos se dissolvendo de volta em você é uma forma tântrica de fortalecer o poder da prática. Você então purifica as negatividades e obscurecimentos de todos os seres com a mesma luz, que é uma forma excepcional de acumular mérito. Atividades tais como fazer oferendas ilimitadas aos seres iluminados e purificar as negatividades e obscurecimentos dos seres sencientes são a base para se atingir os Rupakayas – os Corpos de Forma de um Buddha. Sem nos engajarmos nesses tipos de ações nós nunca

PURIFICAÇÃO DE VAJRASATTVA

— *Vajrasattva Yab-Yum*—
A pureza da natureza búdica simbolizada pela união de método e sabedoria

alcançaremos mérito suficiente para alcançar a iluminação completa.

A luz transforma-se instantaneamente em Vajrasattva, com um corpo branco em cor, uma face e dois braços, segurando um vajra em sua mão direita e um sino em sua esquerda. Ele abraça a sua consorte Vajratopa em Yab-Yum.

As formas de Vajrasattva e Vajratopa são aspectos da iluminação do Rupakaya nessa prática, representando todos os méritos que você precisa acumular para poder beneficiar os outros espontaneamente.

Vajrasattva tem um corpo branco radiante, jovem, translúcido, perfeitamente proporcional e atrativo – tais características simbolizam a purificação de todas as negatividades e obscurecimentos. Na prática Vajrayana, atributos como o vajra e o sino são suportes específicos que conectam você com as qualidades da iluminação. Essas conexões são formadas tendo como base os princípios de interdependência.

O vajra corporifica a qualidade de ser indestrutível, como um diamante, e representa a mente do Buddha. O sino, trazendo a imagem da face de um Buddha e a inscrição de um mantra, representa o corpo e a fala iluminados. O vajra é também o símbolo da grande e espontânea bem-aventurança e das qualidades espirituais masculinas, tais como a compaixão. O sino também representa a forma-de-vacuidade e as qualidades espirituais femininas, tais como sabedoria.

Embora a prática funcione se você visualizar Vajrasattva como uma figura solitária, é mais efetivo visualizar Vajrasattva junto com sua consorte Vajratopa em um abraço iluminado. Isso é conhecido como Vajrasattva Yab-Yum e significa a união das qualidades masculinas e femininas na natureza última da realidade.

Vajratopa é branca em cor e segura uma faca curva em sua mão direita e uma copa de crânio em sua esquerda. Ambos estão adornados com ornamentos de ossos e joias e encontram-se sentados com as pernas cruzadas na posição de vajra e lótus, respectivamente.

PURIFICAÇÃO DE VAJRASATTVA

A faca curvada significa o método ou a habilidade de cortar através da mente dualista, enquanto a copa de crânio representa a sabedoria ou a "consumação" do pensamento dualista impuro. Tanto Vajrasattva quanto Vajratopa estão adornados com cinco vestes de seda e oito ornamentos preciosos.

As cinco vestes de seda incluem: (1) uma echarpe de seda azul decorada, (2) cinco pingentes de coroa coloridos, (3) uma vestimenta superior de seda branca, (4) uma saia, e (5) mangas longas. Essas vestes simbolizam as cinco sabedorias.

Os *oito ornamentos preciosos* incluem: (1) uma coroa, (2) brincos, (3-5) um colar longo, um médio e um curto, (6) ornamentos nos ombros, (7) braceletes e (8) tornozeleiras. Eles significam as Oito Consciências Puras.

O cruzamento de suas pernas em posição de vajra e lótus simboliza a indivisibilidade de Samsara e Nirvana.

Na fronte do Yab-Yum a sílaba OM (ॐ) surge; na garganta, AH (अः); no coração, HUM (हूं); e no umbigo, HOH (होः).

Do HUM (हूं) no coração do Yab-Yum irradia-se luz para as dez direções, e o poder de purificação de todos os Buddhas e Bodhisattvas irradia de volta na forma de néctar branco.

As sílabas OM, AH e HUM na fronte, garganta e coração representam o corpo, fala e mente indestrutíveis de Vajrasattva, enquanto que o HOH no umbigo significa a sabedoria primordial indestrutível. A luz se irradiando para todos os Buddhas e Bodhisattvas coleta suas bênçãos e empodera o coração de Vajrasattva com o poder de purificação de todos os Buddhas – aquilo que Vajrasattva representa. Isso toma a forma de néctar branco brilhante, translúcido e luminoso.

DZAH (ज:) HUM (हूं) VAM (वं) HOH (होः)
O néctar torna-se agora inseparável de Vajrasattva Yab-Yum.

Com DZAH, o néctar é atraído para o topo da coroa de Vajrasattva, com HUM ele se dissolve em Vajrasattva, e com VAM ele permeia Vajrasattva

Yab-Yum por completo. Finalmente, enquanto o HOH é recitado, o néctar se torna completamente inseparável de Vajrasattva Yab-Yum. Com a conclusão dessa visualização, você agora gerou o *Poder da Confiança*.

Solicitando a Purificação

> *Vajrasattva Yab-Yum, por favor purifique e remova todas as negatividades, obscurecimentos e transgressões acumulados por mim e todos os seres desde um tempo sem princípio.*

Com Vajrasattva Yab-Yum como sua testemunha, você agora deve gerar o Poder do Arrependimento. Nesse verso você está chamando Vajrasattva Yab-Yum para ajudar você a purificar e limpar todas as suas negatividades, obscurecimentos e transgressões. Você primeiro lembra de todas as ações negativas, hábitos e energias insalubres de seu corpo, fala e mente. Então após reconhecer que essas ações foram prejudiciais para você e para os outros, faça um pedido do fundo do coração a Vajrasattva, pedindo por auxílio para purificá-las de seu fluxo mental.

A Purificação Efetiva

Tendo feito seu pedido, imagine o corpo de Vajrasattva e sua consorte transbordando completamente com néctar emergindo de cada poro de seus corpos, especialmente do ponto de união. O néctar então cai como uma cachoeira ou uma chuva suave. Imagine o néctar banhando seu corpo e entrando pelo topo de sua cabeça. À medida que percorre seu corpo, visualize todas as doenças, energias negativas e estados mentais aflitivos sendo limpos e removidos através das aberturas inferiores de seu corpo, tomando a forma de um líquido escuro e espesso feito de sangue e pus. Esse líquido se dissolve na terra abaixo de você.

Se você puder, é bom também imaginar o campo do néctar purificador de Vajrasattva se expandindo para incluir todos os seres sencientes, purificando-os da mesma maneira. Mantenha essa visualização em sua mente enquanto você recita o mantra longo de Vajrasattva:

PURIFICAÇÃO DE VAJRASATTVA

OM SHRI VAJRA HERUKA SAMAYA MANUPALAYA | VAJRA HERUKA TENOPA | TISHTHA DRIDHO ME BHAVA | SUTOKAYO ME BHAVA | ANURAKTO ME BHAVA | SUPOKAYO ME BHAVA | SARVA SIDDHI MAME PRAYATSA | SARVA KARMA SU TSA ME | TSITAM SHREYAM KURU HUM | HA HA HA HA HOH | BHAGAVAN VAJRA HERUKA MAME MUNTSA | HERUKA BHAVA MAHA SAMAYA SATTVA AH HUM PHET

Você deve recitar este mantra tantas vezes quanto você puder, dependendo do tempo disponível. O significado do mantra é o seguinte:

Sânscrito	Significado
OM	Homenagem!
SHRI VAJRA HERUKA	De acordo com a sagrada promessa do glorioso Vajrasattva irado
MANUPALAYA VAJRA HERUKA TENOPA	Oh Vajrasattva, proteja o Samaya
TISHTHA DRIDHO ME BHAVA	Permaneça firme em mim
SUTOKAYO ME BHAVA	Conceda-me a felicidade completa
ANURAKTO ME BHAVA	Seja amoroso comigo
SUPOKAYO ME BHAVA	Cresça dentro de mim (aumentando minha virtude)
SARVA SIDDHI MAME PRAYATSA	Abençoe-me com todos os siddhis
SARVA KARMA SU TSA ME	Mostre-me todos os carmas
TSITTAM SHREYANG KURU	Torne minha mente boa, virtuosa e auspiciosa.
HUNG	A essência de Vajrasattva (ou sílaba semente)
HA HA HA HA	As Quatro Incomensuráveis, os Quatro Empoderamentos, as Quatro Alegrias e os Quatro Kayas
HO	Exclamação de alegria
BHAGAVAN	Oh abençoado, corporificação de todos os Buddhas
VAJRA HERUKA MA ME MUNTSA	Nunca me abandone

Sânscrito	Significado
HERUKA BHAVA	Mostre-me a natureza vajra das cinco sabedorias
MAHA SAMAYA SATTVA	Oh grande ser de sabedoria
AH HUNG PHET	Torna-me uno contigo!

O mantra conecta você com o poder divino de cura de Vajrasattva e torna o processo de purificação mais efetivo do que a visualização sozinha, desde que você invoque todos os quatro poderes e tenha uma boa concentração unidirecional.

Embora essa seja a prática essencial, existem também muitas outras opções com relação ao que centrar sua atenção enquanto você recita o mantra. Por exemplo, você pode escolher focar o significado do mantra, o sentimento de arrependimento e determinação, a forma de Vajrasattva Yab-Yum ou o fluxo de néctar em seu corpo sutil.

Se você se sentir sobrecarregado(a) com todos esses detalhes, a coisa mais importante é relembrar os quatro poderes e simplesmente tentar sentir a presença de Vajrasattva. Se o tempo é limitado, é possível usar também a versão concisa do mantra:

OM VAJRASATTVA HUM

Embora esse mantra curto seja útil para purificar rapidamente ações negativas, se você está focando essa prática de Vajrasattva como parte das Preliminares de Kalachakra, você deve dedicar sessões formais para acumular o mantra longo. O objetivo é acumular ao menos 100.000 mantras, o que usualmente leva cerca de três meses quando a prática é feita de forma intensiva. Uma alternativa é simplesmente continuar a praticar por tanto tempo quanto necessário até que sinais de purificação sejam experienciados.

Confessando Todas as Falhas

Quando você tiver completado a sessão, você pode terminar gerando o *Poder da Abstenção*. Isso é alcançado recitando os versos de confissão a seguir:

PURIFICAÇÃO DE VAJRASATTVA

Grande protetor, devido à ignorância e falta de clareza eu quebrei meus samayas e os deixei declinar. Compassivo Lama Vajrasattva Yab-Yum, por favor purifique minhas negatividades e me proteja. Em você eu tomo refúgio, supremo detentor do vajra, tesouro da compaixão e libertador de todos os seres.

Nesse verso você está confessando todos as ocasiões em que você quebrou seus compromissos ou os deixou declinar devido à ignorância e confusão, conscientemente ou não. Isso se refere principalmente a quaisquer votos ou compromissos sagrados (samaya) que você recebeu de um Mestre-Vajra. Eles incluem questões como sempre cultivar respeito e devoção por seus professores e manter percepção pura de suas experiências. Embora esse verso seja de especial relevância para praticantes tântricos, ele realmente se aplica a qualquer nível de disciplina ética que você esteja tentando desenvolver no momento, tais como os Votos de Bodhisattva ou os preceitos de Liberação Pessoal.

Na primeira parte do verso você está invocando o Poder do Arrependimento, pensando intensamente em toda a negatividade que você acumulou. Na segunda parte você está invocando novamente o Poder da Confiança rezando ao compassivo Lama Vajrasattva e tomando refúgio nele. Ao mesmo tempo você está aplicando o Poder do Antídoto, uma vez que ao recitar esta prece você está criando a energia positiva que vai contrapor a negatividade de suas ações prévias.

Eu confesso e me arrependo de todas as transgressões de corpo, fala e mente, incluindo todas as infrações de votos-raiz e ramos. Por favor purifique e limpe todas as máculas, negatividades, obscurecimentos e transgressões acumulados ao longo da existência cíclica sem princípio.

Esse verso é similar ao verso anterior, apenas que aqui você relembra especificamente todas as suas transgressões de corpo, fala e mente, assim como todas as quebras de votos-raiz e ramos. No Tantra de Kalachakra existem quatorze votos-raiz e oito votos-ramos. Para estar qualificado(a) para manter votos tântricos, no entanto, você deve também manter os votos de Bodhisattva da melhor forma que você puder, o que inclui dezoito votos-raiz e quarenta e seis votos-ramos.

Finalmente você suplica Vajrasattva uma vez mais a purificar e limpar todas as manchas, negatividade, obscurecimentos e transgressões acumuladas ao longo da existência cíclica sem princípio. Nós desenvolvemos muitos hábitos fortes ao longo de incontáveis vidas e estamos confiando em Vajrasattva para remover todas essas camadas de padrões habituais para purificar todas as nossas emoções negativas, atos negativos e tendências de quebrar promessas, assim como obscurecimentos intelectuais que nos impedem de ver a verdade última. Nesse ponto você deve invocar o Poder da Abstenção gerando uma forte resolução de nunca mais ser tomado por esses hábitos negativos e se abster de cometer atos nocivos mesmo que sua vida esteja em risco.

Dissolução da Visualização

> *Como se a lua estivesse se dissolvendo em mim, Vajrasattva Yab-Yum me olha com um sorriso e começa a se dissolver com contentamento através do topo da minha cabeça. O corpo, fala e mente de Vajrasattva Yab-Yum tornam-se inseparáveis de meu corpo, fala e mente.*

Tendo completado o nível relativo da prática de purificação, Vajrasattva então olha para baixo na sua direção com um sorriso, como se dissesse "muito bem". Ele então se dissolve em você, tornando-se inseparável de seu próprio corpo, fala e mente, enquanto você reconhece que no nível último Vajrasattva não é outra coisa que sua própria Natureza Búdica. Você então reconhece que sua mente sempre foi pura.

Quando você foca a acumulação do mantra de Vajrasattva, é bom praticar dissolvendo e restabelecendo a visualização em intervalos regulares, por exemplo ao final de cada mala. Isso relembra você da natureza vazia da visualização e impede que você se fixe nas aparências, enquanto você observa sua inseparabilidade de Vajrasattva vez após outra.

PURIFICAÇÃO DE VAJRASATTVA

Dedicatória da virtude

Complete sua sessão com o seguinte verso de dedicação:

Que por meio dessa virtude eu rapidamente alcance o estado de Vajrasattva Yab-Yum e conduza todos os seres sem exceção a essa base de pureza. Que por meio dessa virtude todos os seres completem a acumulação de mérito e sabedoria primordial e assim atinjam os dois Kayas da iluminação.

Essa dedicação é similar à prece que você recita ao final das práticas anteriores. Dessa vez, no entanto, a ênfase está no aspecto de pureza da iluminação. Por essa razão você aspira alcançar o estado iluminado de Vajrasattva e conduzir todos os seres a esse estado também. Uma vez que eles atinjam a iluminação eles terão atingido os dois Buddha-kayas: o Dharmakaya, corpo da realidade da iluminação e os corpos de forma, os Rupakayas. Esses corpos são o resultado da acumulação de sabedoria e mérito, respectivamente.

CAPÍTULO SETE

Oferenda de Mandala

O propósito da oferenda de mandalas é acumular mérito realizando as oferendas mais vastas e extensas possíveis com a melhor motivação possível. Nós direcionamos essas oferendas aos melhores recipientes possíveis – as sublimes Três Joias. Essa combinação de ação, motivação e suporte pode tornar as oferendas de mandala um método extraordinariamente efetivo de acumular vastas quantidades de mérito em um período de tempo relativamente curto.

Mérito é a energia positiva que é gerada quando nós nos engajamos em ações virtuosas. Essa energia positiva habitua sua mente à virtude e assim provê a base para a felicidade surgir no futuro. Por exemplo, se você se habitua à generosidade, você vai criar as causas para experimentar grande riqueza no futuro; se você se habitua à paciência, você vai ter uma boa aparência; e se você se habitua a se esforçar para alcançar a iluminação, então o resultado será experienciar todas as condições necessárias e oportunidades para ajudar você a progredir ao longo do caminho espiritual. O mérito é, portanto, um componente crucial para ajudar você a cultivar as qualidades virtuosas necessárias. Em particular, ele aumenta sua habilidade de compreender o Dharma corretamente, ajuda você a desenvolver entusiasmo por sua prática e dá a você força para vencer todos os obstáculos ao longo do caminho.

A palavra "mandala" é um termo em sânscrito que se refere à representação simbólica do universo. Ao contrário de mapas, que focam sobretudo relações espaciais, mandalas representam a amplitude completa de nossa experiência mental. Esse escopo bem mais amplo permite que a mandala capture de modo visual as muitas dimensões de nossa experiência. Embora as mandalas sejam comumente vistas como pinturas bidimensionais, essa não é a única forma que elas podem assumir.

Uma mandala pode ser construída com areia colorida ou pode ser feita em três dimensões. O tipo de mandala usado nessa prática é conhecido como "Mandala de Oferenda", uma vez que é especificamente concebido para facilitar o processo de oferenda. Tal mandala é construída dispondo vários montes de substâncias de oferenda (tais como joias, pedras ou grãos) em camadas uma em cima da outra. Cada camada consiste de um anel que atua como um contentor para as oferendas. Quando uma camada é preenchida, outro anel é colocado e novamente preenchido com oferendas. Finalmente, uma joia que realiza desejos é colocada no topo. A forma mais básica de oferenda de mandala pode ser feita usando as mãos para criar o "mudra" de mandala, que é simplesmente um gesto simbólico.

Oferenda de Mandala Tradicional

As substâncias variadas oferecidas na mandala representam todas as coisas preciosas que podem ser experienciadas neste mundo. Como fontes infinitas de alegria e felicidade elas são oferendas dignas para os seres iluminados e incluem tudo que você conseguir imaginar, quer seja físico ou mental. Por exemplo, você poderia oferecer campos com belas flores assim como propensões cármicas positivas que você e os demais geraram em suas mentes, já que elas também são bases para a alegria e felicidade.

Essas substâncias são oferecidas ao Campo de Refúgio que inclui todos os suportes para se alcançar a iluminação: os Lamas, Buddhas, Bodhisattvas e assim por diante. Nós fazemos oferendas a eles não porque eles precisem de oferendas, mas porque eles representam as qualidades iluminadas que nós aspiramos alcançar. Ao demonstrar reverência a eles, e ao oferecer tudo que nós experienciamos, nós criamos uma conexão cármica poderosa com os mesmos, o que funciona como uma base para que suas qualidades surjam em nós.

O último passo da oferenda de mandala é relembrar a razão pela qual estamos fazendo a oferenda. Nós não estamos tentando acumular mérito para nosso próprio ganho. Nós desejamos acumular mérito de modo que possamos atingir a iluminação e trazer benefício para todos os seres sencientes. Em outras palavras, nós estamos fazendo a oferenda com a motivação de Bodhicitta. Uma vez que existem incontáveis seres sencientes, qualquer oferenda feita em nome deles gerará mérito incalculável. É isso o que torna a oferenda tão extensa e efetiva.

A Prática de Oferenda de Mandala com Comentário

Nós vamos agora descrever a prática de oferenda de mandala de acordo com a Tradição Jonang. Como ocorre com qualquer prática budista Mahayana, você deve primeiro tomar refúgio e então gerar a aspiração de atingir a iluminação em benefício de todos os seres.

Visualização

No espaço imediatamente à sua frente, visualize seu Lama-raiz na forma de Vajradhara azul. Ele está rodeado pelas Três Joias, deidades Yidam e Dakinis. Eles surgem espontaneamente e com esplendor.

O primeiro passo é estabelecer a visualização do Campo de Refúgio como descrita previamente na prática de tomar refúgio. Passe algum tempo descansando sua mente em um estado aberto e expansivo e então permita que os detalhes da visualização surjam desse espaço. Lembre-se de que o ponto essencial é sentir a presença dos vários objetos de refúgio. É esse sentimento que permite com que nos conectemos com as qualidades iluminadas que eles representam.

Invocando o Campo de Mérito

Você é o Lama precioso, cuja bondade conduz ao alvorecer da grande bem-aventurança num único instante. Eu me curvo aos seus pés de lótus, Lama Vajradhara.

Tendo desenvolvido nossa visualização, nós então recitamos alguns versos que são concebidos para gerar devoção ao campo de mérito, que será o recebedor de suas oferendas. Esse campo é corporificado pelo Lama precioso que é nosso vínculo humano com a iluminação e a representação simultânea das Três Joias. Nós lembramos especialmente da incrível bondade do nosso Lama ao nos ensinar e nos guiar ao longo do nosso caminho espiritual. Devido à nossa falta de mérito, os Buddhas são incapazes de nos guiar diretamente, e, ao invés disso, nos guiam através da forma do Lama. É por essa razão que o Lama é considerado mais bondoso que todos os Buddhas. Ao pensar no Lama dessa forma, eles podem nos conduzir a realizações espirituais incríveis, tais como a experiência da consciência da grande bem-aventurança em um único instante, que transcende a mente conceitual ordinária. Embora nós falemos do Lama no singular, nós devemos sempre lembrar que ele representa todos os nossos professores, tanto masculinos quanto femininos. Ele é uma corporificação única de todos aqueles que beneficiaram você em sua jornada rumo à iluminação.

Curvar-se aos pés de lótus do Lama é uma forma poética de dizer que cada parte do corpo do Lama possui grande beleza, ao mesmo tempo que é uma referência à flor de lótus sobre a qual o Lama tradicionalmente senta nas visualizações. Nas culturas budistas, é geralmente visto como uma grande honra tocar o ponto mais inferior do corpo do Lama (os pés) com o ponto mais alto de seu próprio corpo (a cabeça). Nesse verso nós nos referimos ao Lama como Vajradhara porque seu corpo iluminado é indestrutível, representando o Dharmakaya, o corpo da realidade da iluminação.

Eu presto homenagem ao Lama por quem minha gratidão é incomparável. A luz de sua verdade iluminada dissipa minha escuridão. Você é o imaculado olho da sabedoria, o Lama que é como o sol da grande e imutável bem-aventurança.

De acordo com o Budismo Vajrayana, seu progresso espiritual depende de sua habilidade em demonstrar gratidão e apreciação pelo seu Lama e pela luz da "verdade iluminada" dele, que é a verdade que você descobre ao praticar o Dharma que ele ensina. O "olho imaculado da sabedoria" se refere à habilidade do Lama de ver e apontar nossas fraquezas ocultas, enquanto "como o sol" significa que o Lama é como uma fonte de luz radiante, nos permitindo ver tudo ao nosso redor.

Você é nossa mãe e nosso pai. Você é o mestre de todos os seres, um amigo nobre e verdadeiro. Você é o grande protetor que age pelo bem de todos os seres sencientes. Você é o grande libertador que elimina os obscurecimentos negativos. Você é aquele que se mantém em excelência, você é a única morada de todas as qualidades supremas, completamente livre de todas as falhas. Você é o protetor dos desamparados, o supremo vitorioso contra o autocentramento e o sofrimento; a fonte de toda riqueza, a joia que realiza desejos, o supremo e vitorioso Senhor do Dharma; em você eu tomo refúgio.

O professor do Dharma representa nossos pais em um sentido espiritual – como uma "mãe", ele provê a você amor e nutrição espiritual; e como um "pai", ele guia e protege você em sua jornada espiritual. Ele é o "mestre de todos os seres" uma vez que ele não discrimina em relação a quem ele vai guiar à iluminação e aceita todos os seres a despeito de casta, raça ou posição social. Como um "amigo nobre" ele partilha o precioso Dharma com você e provê amor incondicional e suporte, cuidando de você até que você alcance a iluminação. Além do mais, ele protege você dos sofrimentos do Samsara e liberta você mostrando como alcançar qualidades iluminadas.

Adicionalmente, o professor do Dharma "elimina os obscurecimentos negativos" ao ensinar você como superar todas as qualidades negativas e é apenas ao seguir seus ensinamentos que você pode atingir as "qualidades supremas" do Estado Búdico. Como uma manifestação dos Buddhas em forma humana, o Lama é também o "grande protetor" que age pelo benefício de todos os seres sencientes e é o supremo vitorioso contra o autocentramento e o sofrimento, tendo alcançado a iluminação pelo bem de todos os seres. Finalmente, ele é descrito como uma "joia que realiza desejos", uma vez que ele é capaz de manifestar inúmeras qualidades iluminadas pelo benefício de seus seguidores.

> *Em você eu tomo refúgio, imaculado e sagrado Lama-raiz, supremo e vitorioso Senhor do Dharma; Corporificação dos Buddhas dos três tempos.*

Se você quiser, você pode recitar esse verso sozinho ao invés dos versos anteriores, lembrando que tomar refúgio nas Três Joias é a base de toda prática do Dharma. Aqui, tomar refúgio no Lama é o mesmo que tomar refúgio nas Três Joias, uma vez que o Lama é considerado a corporificação dos Buddhas dos três tempos – passado, presente e futuro. Todos os Buddhas do passado alcançaram a iluminação por meio da confiança em seus professores do Dharma, todos os Buddhas do presente se manifestam na forma de professores do Dharma e todos os Buddhas do futuro são treinados por professores do Dharma. É por isso que o Lama, que ensina a você o precioso Dharma, é visto como sagrado e imaculado.

Oferenda de Mandala Média

OM VAJRA BHUMI AH HUM
A base é a pura e poderosa terra dourada.

Aqui nós começamos com a oferenda de mandala média específica da

Tradição Jonang. Isso envolve colocar nove montes de arroz ou joias em um prato, que representa o universo sendo oferecido ao Campo de Refúgio. Essa é uma forma bem mais concisa que a oferenda de mandala longa que envolve trinta e sete objetos de oferenda.

Com o mantra "OM VAJRA BHUMI AH HUM" você começa a montar a mandala criando uma base, a terra dourada, pura e poderosa, sobre a qual você pode construir uma figura física e mental do universo. Um prato circular é usado para representar essa base. Você deve esfregar sua superfície no sentido horário com seu pulso algumas vezes antes de prosseguir com a oferenda.

OM quer dizer "perfeito" ou "com excelência", e é usado no começo de qualquer atividade para ajudar a nos guiar à perfeição. VAJRA quer dizer "indestrutível". BHUMI quer dizer "terra, solo ou base". AH quer dizer "origem fundamental" ou "vacuidade". HUM quer dizer "essencial" ou "totalidade". Como um todo, esse mantra nos conduz à excelência e glória em qualquer atividade e nos assiste no alcance da iluminação.

O modelo para o universo que nós estamos usando aqui é um pouco diferente do modelo científico convencional. De acordo com o Tantra de Kalachakra, o universo foi formado quando os quatro grandes elementos se uniram de acordo com o carma coletivo dos seres. Do espaço, o elemento preto do vento foi o primeiro a surgir, seguido pelo elemento vermelho do fogo, o elemento branco da água e, finalmente, o elemento amarelo da terra. Cada um desses elementos é representado por discos concêntricos com um diâmetro menor, posicionados um sobre o outro. O prato circular simboliza essa base de elementos.

OM VAJRA REKHE AH HUM
O universo está rodeado por uma cerca de montanhas de ferro e no centro está o Monte Meru, o rei das montanhas.

Com esse mantra você visualiza o grande Monte Meru surgindo no centro do disco amarelo da terra, rodeado por um grande anel de montanhas de ferro ou perímetro montanhoso que representa a fronteira externa do universo ou sistema de mundo. O Monte Meru é circular em forma e no

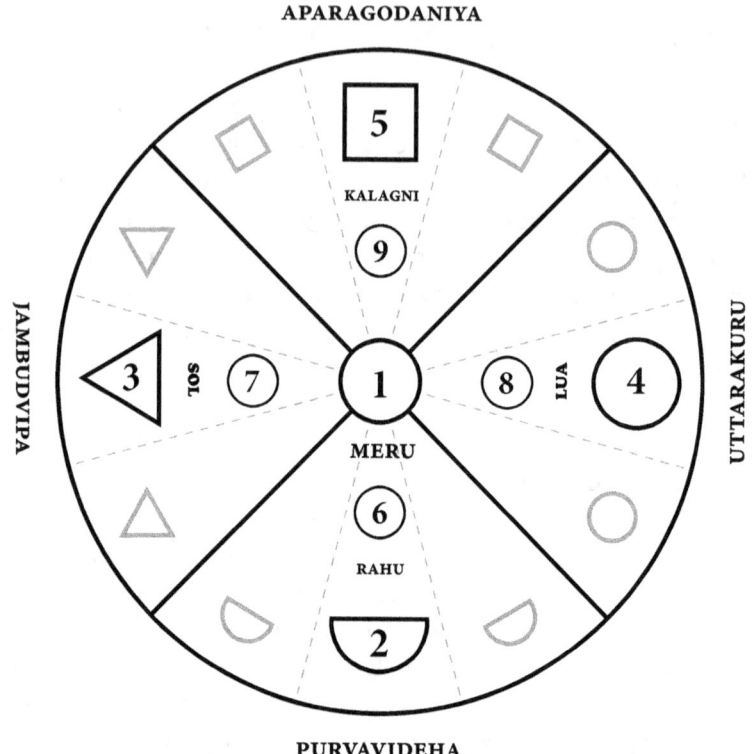

*A Oferenda de Mandala de Nove Pilhas de acordo
com a Cosmologia de Kalachakra*

seu topo estão cinco picos. Cada uma dessas características representam aspectos diferentes do nosso universo que são experienciadas por diferentes seres sencientes. Por exemplo, a base do Monte Meru representa os reinos grosseiros de experiência dos seres sencientes, enquanto que os níveis mais elevados representam reinos cada vez mais sutis de experiência.

Enquanto você constrói essa visualização em sua mente, você deve tomar o anel maior da sua mandala e colocar sobre o prato circular. Tomando um punhado de oferendas (por exemplo, arroz, pedras ou

OFERENDA DE MANDALA

joias), coloque um único monte no centro do prato para simbolizar o Monte Meru.

Ao leste está Purvavideha, ao sul Jambudvipa, ao norte Uttarakuru e a oeste Aparagodaniya.

Esses são os quatro continentes que rodeiam o Monte Meru. Ao leste está Purvavideha (que quer dizer "grande prosperidade física"), com três ilhas no formato de círculos. Ao sul está Jambudvipa ("lugar do som Dzam" — relacionado ao som das folhas das árvores caindo no mar) com três ilhas triangulares. É dito que é aqui onde o nosso reino de experiência está localizado. Ao norte está Uttarakuru (que quer dizer "notícias ocultas e som ruim"), com três ilhas semicirculares. Finalmente, ao oeste está Aparagodaniya (que quer dizer "grande prosperidade material"), com três ilhas quadradas. É importante compreender que esses "continentes" e "ilhas" não são a representação geográfica de massas de terra física. Ao invés disso, eles representam diferentes reinos de experiência que existem em diferentes níveis de sutileza. O mundo como nós o conhecemos, como descrito pela ciência moderna, é simplesmente uma descrição de uma ilha dentro do continente de Jambudvipa. Quando nós nos damos conta de que nosso universo é apenas uma pequena parte de um universo multidimensional muito maior, nós começamos a ver quão vasta a cosmologia budista pode ser.

Enquanto você continua a adicionar detalhes à suas visualizações, você deve colocar quatro pilhas de oferendas nas quatro direções, seguindo a ordem em que são mencionadas no texto. Quando estamos trabalhando com mandalas como oferendas, a direção do leste é considerada como a ponta do prato que está mais perto de você. Então aqui nós colocamos uma pilha no Leste; então uma no Sul (no lado esquerdo do prato); uma no Norte (no lado direito do prato) e finalmente uma no Oeste (no outro lado do prato).

Rahu, Sol, Lua, Kalagni e no centro todas as riquezas maravilhosas de humanos e deuses, completas, sem que nada falte.

O foco agora muda para todos os corpos celestes que compõem nosso universo como o conhecemos. Na cosmologia descrita pelo Tantra de Kalachakra, isso inclui o sol, a lua e dois "planetas" conhecidos como Rahu e Kalagni. O movimento desses quatro corpos desempenha um papel fundamental nos ciclos de tempo que nós experienciamos como seres sencientes. Devido à sua influência em nossas mentes, todos eles têm profundo significado espiritual e astrológico. O planeta Rahu (representado por um disco preto) se refere à aparição de um eclipse lunar e está associado com o nodo lunar do norte. O planeta Kalagni (representado por um disco amarelo) se refere à aparição de um eclipse solar e está associado com o nodo lunar do sul. Adicione quatro pilhas de oferenda para representar cada um dos quatro planetas.

Embora seja bom conhecer a cosmologia tradicional e visualizar o universo de tal forma, você também deve ser criativo nessa prática e trazer à mente tudo que é agradável no mundo de seres humanos e deuses, incluindo lagos, florestas, montanhas, palácios, joias e obras de arte. Você pode também oferecer a Ásia, Europa, África, Américas do Norte e do Sul, parques nacionais, cascatas, dinheiro, tapetes voadores, aparelhos celulares, bancos ou mesmo objetos de sua mente, tais como qualidades virtuosas e realizações espirituais. Com cada objeto de oferenda que você imagina, adicione uma pilha de oferendas à mandala até que o primeiro anel esteja completamente cheio. Lembre-se que qualquer coisa que você perceba como sendo belo ou valioso é um objeto digno de ser oferecido. Não pense que você pode oferecer apenas coisas que você possui fisicamente. Todas as suas experiências pertencem a você e assim são elas que você está oferecendo, não os objetos em si.

> *Toda essa fartura eu ofereço com grande devoção aos meus Lamas-raiz e de linhagem, e à mandala de Yidams, Buddhas, Bodhisattvas, Pratyekas, Shravakas, Dakinis e protetores do Dharma oniscientes.*

Em seguida coloque o segundo maior anel no topo do primeiro e enquanto gera mentalmente diferentes objetos de oferenda, coloque mais pilhas de oferenda na mandala. Perceba como o movimento do arroz é similar ao surgimento e dissolução dos pensamentos em rápida sucessão. Imagine que com cada pilha você está oferecendo mais e mais de suas experiências. Continue dessa forma até que o segundo anel esteja completamente cheio. Então coloque o terceiro anel no topo do segundo. Imagine que com cada pilha de oferendas você oferece o nível mais sutil de suas experiências. Isso inclui todas as propensões cármicas virtuosas que você acumulou desde um tempo sem princípio e todas as qualidades virtuosas que você desenvolveu. Ofereça as suas melhores qualidades como pessoa.

Quando o último anel estiver completamente cheio, coloque a joia que realiza desejos no topo para representar sua realização da completa iluminação. Pense nos incontáveis benefícios que você trará aos seres sencientes no futuro e ofereça essa virtude como parte da mandala. Após o conjunto da mandala estar completamente cheio, você deve elevá-la como um gesto de oferenda de toda sua riqueza com grande devoção ao Campo de Refúgio, os imaculados Lamas-raiz e de linhagem e assim por diante.

Por compaixão aceitem essa mandala pelo bem de todos os seres e, tendo aceitado essa oferenda, por favor me abençoem!

Tendo feito essa oferenda, você então pede ao Campo de Refúgio para aceitar essa mandala. Uma vez que a compaixão dos Buddhas é ilimitada, suas bênçãos naturalmente surgirão em nós quando a oferenda for feita. Nossa oferenda do universo também deve incluir o mérito acumulado por todos os seres sencientes e todos os seres iluminados. Oferecer dessa forma aumenta o mérito de todos os seres de modo que eles possam alcançar a iluminação; assim a oferenda é feita em benefício de todos os seres.

Reunindo nessa preciosa mandala a virtude de corpo, fala e mente acumulada por mim e todos os seres durante os três tempos, juntamente com as excelentes oferendas de Samantabhadra, tudo isso, tanto concreto quanto visualizado, eu ofereço ao meu Lama e às Três Joias. Por favor aceitem isso com sua compaixão e me abençoem!

O conjunto de virtudes dos três tempos se refere ao mérito que foi acumulado com o corpo, fala e mente desde um tempo sem princípio, assim como o mérito gerado agora e no futuro até que alcancemos o estado búdico. Como no verso anterior, você está solicitando ao Campo de Refúgio, que é corporificado pelo Lama e as Três Joias, para aceitar sua oferenda e abençoar seu fluxo mental, fortalecendo dessa forma a sua prática espiritual.

Esse é o verso final da oferenda de mandala média. Se você quiser, você pode repetir esses versos várias vezes, contando as repetições como acumulações. No entanto, quando o foco for as acumulações, o mais comum é usar a oferenda concisa de nove pilhas, como explicada a seguir.

Oferenda de Mandala Concisa

A terra está ungida com perfume e espargida com flores. Seu centro está adornado com o Monte Meru, rodeado pelos quatro continentes, o Sol e a Lua. Eu faço essa oferenda como um campo búdico para o deleite de todos os seres.

Essa versão curta da oferenda de mandala é geralmente usada para acumulações, embora seja bom se você puder recitar a versão média antes. Você precisa apenas da base da mandala ou um prato para as nove pilhas de oferendas.

Primeiro você deve limpar o prato de oferenda com seu pulso em um movimento circular no sentido horário e, se você quiser, você pode aspergir água perfumada no prato antes de fazer isso. Isso simboliza a terra sendo purificada ou ungida com perfume e espargida com flores. Então você coloca uma pilha de arroz no centro, simbolizando o Monte Meru, seguida por uma pilha na frente, uma do lado esquerdo, uma do lado direito e uma atrás. Essas quatro pilhas representam os quatro cantos do universo ou os quatro continentes. Você então termina com mais quatro pilhas: uma entre a pilha da frente e a pilha do centro, uma entre a pilha da esquerda e a do centro, uma entre a pilha da direita e a do centro, e uma entre a pilha de trás e a do centro. Essas pilhas representam os planetas rahu, sol, lua e kalagni, respectivamente.

A visualização é similar àquela descrita na prática anterior. Em particular, a base da oferenda de mandala é feita de material dourado e ungida com perfume, representando a vasta gama de perfumes naturais, plantas e flores desta terra. Você então visualiza todos os tipos de coisas agradáveis, tais como joias, cristais, flores, ervas e grãos, assim como o sol, a lua, rios, lagos, minerais, criaturas de todas as formas e tamanhos e outros objetos de beleza natural. Finalmente, você visualiza essa oferenda inteira se transformando em um campo búdico, uma terra pura habitada por seres iluminados com árvores magníficas, palácios e seres especiais, como na prática de refúgio. Esse Campo Búdico tem o poder de beneficiar os seres de formas ilimitadas, assim sendo você oferece isso para que todos os seres possam desfrutar. Para criar uma conexão especialmente auspiciosa, você pode trazer à mente as características do Sublime Reino de Shambhala, e imagine que todos os seres são afortunados o suficiente para renascer ali.

GURU IDAM RATNA MANDALA KAM NIRYA TAYAMI
(Ofereça a mandala recitando isso.)

Após cada recitação da prece você então recita este mantra de oferenda e imagina que a mandala visualizada se dissolve em você. Repouse por um momento na consciência da natureza última das oferendas que você fez. Ao final, rapidamente limpe o prato de oferenda e recite a prece novamente enquanto coloca as nove pilhas de arroz sobre o prato para a próxima oferenda.

Quando a acumulação de mérito for o foco principal de sua prática, esse processo é repetido bem rapidamente. A forma mais curta possível é simplesmente repetir o mantra enquanto você cria e por conseguinte dissolve a mandala. Se você praticar dessa forma condensada, é importante que você sempre esteja consciente do significado da prática. Ela não deve se degenerar em um ritual vazio. Você também pode alternar essa oferenda concisa com uma versão mais longa, por exemplo, fazendo uma oferenda de mandala média e vinte e uma curtas.

— *Kyabje Lama Lobsang Trinle* —
Renomado Abade do Monastério Tashi Chötang e Mestre-Vajra de Kalachakra

CAPÍTULO OITO
Guru Yoga de Base

O propósito de Guru Yoga, a quinta preliminar de Kalachakra, é unificar sua mente com a mente sagrada de seu mestre. Num nível relativo você entoa todos os tipos de preces e súplicas para abrir sua mente e coração às bênçãos do Lama e gerar grande devoção. Num nível último, você aprende a reconhecer que o Lama definitivo não é outra coisa que a sua própria mente de sabedoria. Isso significa que o Lama não é apenas uma pessoa importante na sua vida, mas é seu caminho pessoal para a iluminação. Como nós somos incapazes de receber orientação direta dos seres iluminados, nós precisamos confiar numa forma humana para nos ligar à sabedoria iluminada do Buddha. Esse mestre externo é a pessoa que você está pedindo para ajudar você por meio do desmantelamento do seu ego. Esse processo de dissolução leva à descoberta do mestre interno, sua própria sabedoria iluminada. A prática de Guru Yoga é absolutamente essencial se você deseja seguir o caminho tântrico da iluminação, uma vez que é a bênção do Lama que permite que você desenvolva percepção pura e abre a porta para outras realizações tântricas.

Se você tem uma mente cética, você pode suspeitar muito de toda a ideia de devoção ao Guru – pode parecer como algo não natural, teísta ou não democrático. Num nível básico, o Budismo tem tudo a ver com lógica consistente e métodos práticos que todos podem facilmente testar. É parecido com um bom manual para se aprender a dirigir um carro. No entanto, práticas como a devoção ao Guru e Guru Yoga levam você além desse nível básico do Budismo – elas são muito mais como o conselho pessoal que você pode receber de um instrutor de condução. Esse conselho provê a você conhecimento essencial que surgiu da experiência de gerações de mestres da linhagem. É essa sabedoria na qual nós confiamos para poder praticar efetivamente.

Quando você recita a súplica de uma prática de Guru Yoga, você não deve simplesmente ter uma devoção cega – esses versos são concebidos para ajudar você a penetrar profundamente em seu fluxo mental e levar você a uma compreensão da verdade além de todas as palavras e conceitos. Você deve lembrar que a devoção real ao Guru não é uma situação teísta ou ditatorial, mas sim um reconhecimento do acordo mútuo entre você e seu mestre de trabalhar pela iluminação.

É dito que as bênçãos que nós recebemos do Lama correspondem à nossa atitude em relação a ele. Por exemplo, nós podemos vê-lo como um homem muito compassivo, um nobre Arhat ou um Buddha completamente iluminado. Essas atitudes darão surgimento às bênçãos de um homem compassivo, às bênçãos de um Arhat e às bênçãos de um Buddha, respectivamente.

No caminho tântrico nós trabalhamos com o desenvolvimento de uma percepção pura que vê nosso Lama como inseparável do Buddha. Nós começamos focando as qualidades externas do Guru para poder inspirar nossa mente, então focamos a realidade interna do Guru como sendo inseparável da Natureza Búdica. Finalmente, nós reconhecemos que nossa própria Natureza Búdica é inseparável da Natureza Búdica do Guru e, portanto, não há qualquer Guru "lá fora" separado de nós. Em essência, essa é a transformação que o Guru Yoga facilita. Agora mesmo nós sentimos como se nós estivéssemos aqui, enquanto a Natureza Búdica estivesse em outro lugar qualquer. Através do trabalho com o Guru, nós criamos uma ponte que nos conecta com nossa natureza interna e nos ajuda a desbloquear sua capacidade ilimitada.

Prática de Guru Yoga com Comentário

A prática a seguir é a primeira de três Guru Yogas que são tradicionalmente praticadas na Tradição Jonang. Cada prática enfatiza uma conexão levemente diferente para ajudar a fortalecer sua conexão com os mestres da linhagem. Nessa prática, o foco é o Lama-raiz como sendo inseparável de Vajradhara. As outras duas (que são apresentadas no final desse livro) focam os dois mestres de linhagem mais importantes da tradição: Kunkyen Dolpopa Sherab Gyaltsen e Jetsun Taranatha. Todos os Guru Yogas usam a mesma estrutura básica: estabelecer a visualização, fazer súplicas ao Lama (e outros objetos de refúgio), receber os quatro empoderamentos e então fundir sua mente com a mente de sabedoria do Lama.

Visualização

Visualize-se em um palácio vasto e magnífico no centro de um reino puro. Seu Mestre-Vajra aparece na sua frente, no centro do palácio, como o Senhor Vajradhara. Ele está sentado sobre um lótus, com discos de sol, lua, rahu e kalagni que descansam sobre um trono sustentado por leões.

Seu Mestre-Vajra tem um corpo azul, com uma face e dois braços, segurando um Vajra e um sino cruzados na altura do coração. Suas pernas estão na posição de lótus completa. Adornado com vestes de seda e ornamentos de joias, com todas as marcas e sinais, seu corpo é radiante e luminoso. Ele sorri para você, satisfeito.

O Senhor Vajradhara está cercado pelas deidades das quatro classes de Tantra, todos os Lamas da linhagem e a assembleia inteira de deidades Yidam, Buddhas, Bodhisattvas, Shravakas, Pratyekas, Dakinis e protetores do Dharma. Tenha confiança de que todos eles estão realmente presentes.

A prática de Guru Yoga começa com a invocação de seu Lama, o Mestre-Vajra, na forma divina do Senhor Vajradhara, que é a corporificação de todos os mestres da linhagem, Buddhas, Bodhisattvas e assim por diante. Como na prática de refúgio, você considera que todas as aparições se dissolvem na vacuidade, da qual um reino puro com um palácio vasto e magnífico emerge, como o reflexo da lua cheia num lago. O Lama então

Guru Vajradhara

surge no espaço à sua frente como o Buddha primordial Vajradhara sobre um trono de leões, lótus, discos de sol, lua, rahu e kalagni e olha afetuosamente para você, significando sua conexão pessoal próxima com ele. Os detalhes da composição da assembleia e cada tipo de ser iluminado são descritos na seção de refúgio. Ao contrário da assembleia na visualização de refúgio, nessa prática o campo de seres iluminados está reunido como uma multidão em torno do seu Lama-raiz.

Sua visualização deve ser clara, vívida e vibrante, ao mesmo tempo aparecendo como um reflexo, uma vez que nenhum dos objetos visualizados tem uma natureza externa realmente existente. Se forem familiares para você, pode ser útil relembrar algumas das histórias dos grandes mestres da linhagem para conferir vividez. Como em qualquer prática de visualização, você deve tentar visualizar os objetos tão bem quanto você puder. No entanto, os detalhes não são tão importantes quanto o sentimento da prática ou o significado por detrás dela.

> *Tendo visualizado o campo da assembleia, faça grandes oferendas, tanto concretas quanto visualizadas. Enquanto você começa a praticar você deve ter uma fé firme de que você possui a Natureza Búdica e que ela pode ser revelada por meio de uma devoção sincera e inabalável ao seu imaculado Lama-raiz.*

Tendo visualizado o campo de mérito, você então se imagina fazendo grandes oferendas ao Lama Vajradhara e aos seus companheiros iluminados. Você também pode fazer oferendas concretas ao Lama, por exemplo, colocando objetos preciosos em frente ao altar. Num nível mais prático, você pode se comprometer a oferecer ao Lama seu tempo, serviço, ajuda financeira ou outros tipos de ajuda de acordo com sua capacidade.

Enquanto você começa a prática, você deve ter uma devoção sincera e inabalável, que é a confiança total na verdade do caminho que você está seguindo, convicto de que você possui a Natureza Búdica que pode sem dúvida ser desvelada. Fé é essencialmente confiança no processo de causa e efeito. Assim como você tem a confiança de assar um bolo se todos os ingredientes corretos estão presentes, da mesma forma você pode ter confiança no caminho iluminado quando as condições estão presentes. Essas condições incluem renúncia, compaixão, devoção e, acima de tudo, saber que você possui a Natureza Búdica.

Preces aos Mestres da Linhagem

> *Lama-raiz gentil e precioso, tudo que é bom e virtuoso no Samsara e Nirvana surgiu de seu poder iluminado. Meu protetor, fonte que realiza desejos, eu rezo a você do fundo do meu coração.*

De acordo com o Budismo Vajrayana, seu Lama-raiz gentil e precioso, cuja natureza é inseparável de todos os Buddhas, é a fonte de tudo que se possa imaginar como sendo virtuoso, bom e benéfico. Embora ele seja igual aos grandes Buddhas em sabedoria, sua bondade ultrapassa a dos Buddhas, uma vez que ele está aparecendo para você agora mesmo. Ele é aquele que está realmente se manifestando em sua vida. Relembre sua grande bondade, incluindo todas as circunstâncias quando seus ensinamentos ajudaram você e todos os pequenos atos de bondade e compaixão que você puder lembrar. Você deve rezar a ele do fundo do seu coração. Ao fazer isso você está na verdade invocando o aspecto de sabedoria de sua própria mente.

Eu rezo ao corpo da verdade da grande bem-aventurança que a tudo permeia,
O Buddha primordial Vajradhara que habita em Akanishta.
Eu rezo ao Corpo de Deleite Kalachakra.
Eu rezo ao Corpo de Emanação Buddha Shakyamuni, o mais elevado entre os Shakyas.
Eu rezo ao meu Lama que corporifica os quatro Buddha-kayas.

A linhagem que o Lama-raiz corporifica começa com o Buddha primordial Vajradhara, cuja forma representa o Dharmakaya que a tudo permeia, o corpo da realidade da iluminação que é imutável e além da forma. Akanishta literalmente significa "o mais elevado" e nesse caso se refere à esfera iluminada do Buddha Dharmakaya, o reino de Vajradhara. Kalachakra representa o Sambhogakaya, o Corpo de Deleite da iluminação, enquanto o Buddha Shakyamuni representa o Corpo de Emanação, os quais juntos são a mostra compassiva da energia da iluminação em benefício dos seres. Nós rezamos ao Lama que corporifica os quatro Buddha-kayas, que inclui os três kayas citados mais o Svabhavikakaya, que é a união desses três.

Eu rezo aos Reis do Dharma, tradutores e pânditas:
Os trinta e cinco Reis de Shambhala, emanações dos vitoriosos;

GURU YOGA DE BASE

Os dois Kalachakrapada, o mais velho e o mais jovem; e os dois eruditos insuperáveis, Nalendrapa e Somanatha.

Esse verso nos conecta com alguns dos mestres mais importantes na linhagem Jonang-Shambhala. Os Reis do Dharma, tradutores e pânditas incluem: os Trinta e Cinco Reis do Dharma que foram responsáveis por preservar os ensinamentos de Kalachakra em Shambhala; os dois Kalachakrapadas, que trouxeram os ensinamentos para o reino humano; e os dois grandes eruditos de Nalanda que propagaram amplamente os ensinamentos de Kalachakra, Nalendrapa e Somanatha.

Eu rezo aos três Lamas que atingiram siddhis supremos:
Protetor de todos os seres, Konchoksung;
O grande e realizado meditador, Droton Namseg;
O grande Mahasiddha Drupchen Yumo Chöki Rachen, grande proclamador do Dharma.

Nós agora começamos invocando os Lamas da linhagem em grupos de três, numa ordem aproximadamente cronológica, enquanto relembramos suas qualidades únicas. Siddhis supremos se referem à realização espiritual extraordinária. Konchoksung, também conhecido como Lama Lhaje Gompa, foi um grande Nagpa (praticante tântrico leigo), que disseminou os ensinamentos de Kalachakra amplamente. É dito que Droton Namseg, também um Nagpa, desenvolveu uma conexão direta com muitas deidades iluminadas através de prática meditativa excepcional. Drupchen Yumo Chöki Rachen foi um monge completamente ordenado, famoso por seus poderes espirituais extraordinários, amplamente reconhecido como um grande mahasiddha.

Eu rezo às três fontes maravilhosas de refúgio:
Nirmanakaya Seachok Dharmeshvara, o grande filho;
O impecável erudito do Dharma, Khipa Namkha Öser;
O mestre de poderes mágicos e clarividência, Semochen.

Seachok Dharmeshvara foi louvado como uma emanação de Manjushri e era filho de Drupchen Yumo. Khipa Namkha Öser foi um erudito extraordinário, impecável, e um grande yogi tântrico que foi um mestre das obras de Asanga assim como do Tantra de Kalachakra. Semochen alcançou rápida realização após praticar os Seis Vajra Yogas e assim alcançou clarividência e outras habilidades sobrenaturais.

Eu rezo aos três supremos libertadores:
O dissipador da escuridão, Jamsar Sherab;
O onisciente Kunkhyen Chöku Öser;
Aquele que aperfeiçoou a imutável bem-aventurança, Kunpang Thukje Tsondru.

Jamsar Sherab (também conhecido como Chöje Jamyang Sarma) foi um mestre altamente realizado que foi curado de lepra após se engajar em um retiro de prática extenso. Chöku Öser foi um grande erudito dos sutras e tantras, louvado como onisciente, e foi também um yogi altamente realizado. Kunpang Thukje Tsondru foi considerado como uma emanação de um dos Reis Kalki de Shambhala, tendo unificado todas as linhagens de Kalachakra no Tibete e aperfeiçoado a imutável bem-aventurança através da prática dos Seis Vajra Yogas.

Eu rezo aos três Lamas incomparáveis:
O conquistador da grande sabedoria, Jangsem Gyalwa Yeshe;
O oceano de grandes qualidades, Khetsun Zangpo;
O Buddha Onisciente dos três tempos, Dolpopa.

A despeito do sucesso limitado com a prática do Dharma quando jovem, Jangsem Gyalwa Yeshe atingiu realização incomparável e grande sabedoria após praticar os Seis Vajra Yogas sob a orientação de Thukje Tsondru. Khetsun Zangpo (também conhecido como Khetsun Yonten Gyatso) foi conhecido por muitas grandes qualidades tais como conduta moral impecável, assim como por sua realização extraordinariamente rápida

GURU YOGA DE BASE

das práticas de Vajra Yoga. O grande luminar da Jonang, Dolpopa, que unificou a Linhagem Tântrica de Kalachakra com a Linhagem de Sutra Zhentong, foi considerado a emanação dos Buddhas dos três tempos, uma vez que sua realização e mestria dos ensinamentos do Buddha era muito profunda, tanto como erudito quanto santo.

Eu rezo às três raízes do vívido Dharma:
O todo triunfante Chokle Namgyal;
A fonte universal de alegria, Nyabonpa;
O tesouro de conhecimento e compaixão, Kunga Lodrö.

Chokle Namgyal foi conhecido como "o invencível", uma vez que ele era capaz de memorizar todos os grandes textos e era imbatível nos debates, sendo assim triunfante. Nyabonpa (também conhecido como Tsungmed Nyabon Kunga) foi um escritor prolífico e um professor do Dharma altamente respeitado, cujos ensinamentos foram uma fonte universal de alegria. Kunga Lodrö estudou extensivamente quando jovem, por conseguinte sua mente tornou-se um tesouro de conhecimento. Ainda assim, mais tarde, ele se tornou um yogi errante, movido por suprema renúncia e compaixão.

Eu rezo aos três incríveis Lamas:
Corporificação das Três Joias, Trinle Zangpo;
Protetor do todo expansivo Dharma definitivo, Nyeton Damcho;
Grande mestre do sutra e tantra, Namkha Palzangpo.

Trinley Zangpo (também conhecido como Jamyang Konchog Zangpo) treinou em uma variedade de monastérios de todas as tradições, incorporando assim todos os ensinamentos das Três Joias. Nyeton Damcho (também conhecido como Drenchog Namkha Tsenchan) atingiu grande realização através da prática dos Seis Vajra Yogas e, como abade de dois grandes monastérios, foi um protetor do expansivo Dharma definitivo. Namkha Palzangpo (também conhecido como Panchen Namkha Palzang) treinou inicialmente na tradição Sakya e se tornou um erudito eminente do sutra e tantra, especialmente do Tantra de Kalachakra.

Eu rezo aos três que realizaram benefício incomparável aos outros: o Grande tradutor Ratnabhadra;
Fonte de alegria para todos os seres, Lama Kunga Drolchok;
Testemunha do verdadeiro significado não nascido, Lungrig Gyatso.

É dito que Ratnabhadra trouxe grande benefício aos outros com sua habilidade de pacificar demônios através de sua conexão com a deidade irada Mahakala, tendo também estabelecido vários monastérios. Lama Kunga Drolchok foi um grande mestre Rimê que tinha uma conexão próxima com a Dakini Niguma e trouxe grande alegria a todos os seres através do seu trabalho do Dharma. Lungrig Gyatso atingiu realização extraordinária através da prática dos Seis Vajra Yogas, incluindo completo controle do estado do sonho e foi, portanto, testemunha do significado verdadeiro, não nascido, da verdade suprema.

Eu rezo aos três que possuem bondade inigualável:
O grande libertador Drolway Gonpo;
O tesouro de vastas qualidades, Kunga Rinchen;
A corporificação de todos os seres santos, Khidrup Namgyal.

Drolway Gonpo (também conhecido como Taranatha ou Kunga Nyingpo), foi um grande libertador dos seres uma vez que ele ensinou o Dharma amplamente, foi um escritor prolífico e revitalizou a Tradição Jonang. Kunga Rinchen (também conhecido como Ngonjang Rinchen Gyatso) foi um grande erudito e professor conhecido por sua habilidade de absorver grandes volumes de conhecimento e por outras qualidades vastas, devido às suas realizações em vidas anteriores. Khidrup Lodrö Namgyal foi considerado uma reencarnação da mãe de Dolpopa e é considerado a corporificação de todos os seres santos, uma vez que ele alcançou grandes habilidades espirituais com sinais miraculosos surgindo sempre que ele realizava certos rituais.

Eu rezo aos três detentores do tesouro dos ensinamentos sagrados:
O mestre da fala, Thugye Trinle;
O vitorioso Tenzin Chogyur;
O ornamento da prática do Dharma, Ngawang Chöjor.

Ngawang Thugye Trinle (também conhecido como Chalongwa) nasceu em Chosang no ano do cavalo de madeira e teve muitos poderes espirituais desde muito cedo, tais como pacificar demônios. Ele recebeu instrução de muitos Lamas, incluindo Panchen Lama Lobsang Chogyen, tendo recebido especialmente os Seis Yogas de Kalachakra de Chöje Kunsang Wangpo. Ele teve muitos seguidores de Golok à Zuka Ta Tse. Tenzin Chogyur (também conhecido como Ngawang Tenzin Namgyal) alcançou muitas grandes realizações através da prática dos Seis Vajra Yogas e foi assim vitorioso em sua prática do Dharma. Ngawang Chöjor (também conhecido como Ngawang Khetsun Dargye) foi considerado um ornamento da prática do Dharma devido às suas grandes realizações, que incluíam poderes mágicos em seus sonhos e a percepção contínua de seu corpo no estado da clara-luz.

Eu rezo aos três Lamas que realizam espontaneamente atividades sagradas:
O ornamento da perfeita conduta, Trinle Namgyal;
O grande tesouro e siddha do Dharma, Chökyi Peljor;
O detentor de instruções essenciais perfeitas, Gyalwe Tsenchang.

Trinle Namgyal recebeu instruções de uma variedade de mestres e atingiu realização profunda através da prática dos Seis Vajra Yogas e foi assim reverenciado como alguém que possuía muitas qualidades virtuosas, incluindo conduta perfeita. Chokyi Peljor recebeu os Seis Yogas de Kalachakra de seu mestre, Khetsun Dargye. Ele rapidamente atingiu os sinais de verdadeira realização do Estágio da Completude de Kalachakra e se tornou um autêntico detentor de linhagem. Ele foi conhecido como Shayul Chögor e era clarividente, sendo capaz de ler a mente dos outros. Gyalwe Tsenchang (também conhecido como Nuden Lhundrup Gyatso) nasceu em Zuka Yakdo. Ele foi reconhecido como a reencarnação de Tsangwa Ngawang Trinle. Ele tornou-se um residente do Palácio Yakdo e foi amplamente conhecido como um mestre espiritual tido em alta consideração em muitos lugares. Ele foi reconhecido como um grande líder espiritual pelo monarca Ahkyong, que era seu patrono.

Eu rezo aos três Lamas que liberam os seres por meio do som e da visão:
A quintessência das Três Joias, Jigme Namgyal;
A corporificação de todos os salvadores, Chöpel Gyatso;
Aquele que atingiu o corpo da união da iluminação, Chözin Gyatso.

Jigme Namgyal, considerado como a terceira encarnação de Khidrup Lodrö Namgyal, atingiu muitas qualidades extraordinárias como resultado de estudo e prática impecáveis. Chöpel Gyatso tornou-se conhecido por sua habilidade extraordinária de clarividência. No momento de sua morte, muitos arco-íris surgiram como testamento de sua grande realização. Chözin Gyatso foi considerado uma emanação de Akashagarbha. Suas realizações eram tão profundas que ele conseguia realizar feitos milagrosos tais como atravessar paredes e viajar para reinos puros tais como Shambhala, onde ele recebia instruções que ele trouxe de volta para o Tibete.

Eu rezo aos três ornamentos do Dharma sagrado:
O exponente do Dharma de Ouro, Tenpa Rabgye;
Incomparável sabedoria nas atividades sagradas, Lobsang Trinle;
Que floresce na terra firme com a sabedoria de Manjushri, Jamphel Lodrö.

Tenpa Rabgye recebeu todas as instruções para os Seis Vajra Yogas de Ngawang Chözin e experienciou muitos sinais indicando mestria da prática. Ele viveu uma vida humilde e faleceu com setenta e seis anos, permanecendo no estado de clara-luz por seis dias. Lobsang Trinle também focou intensamente na prática de Kalachakra. Após contrair lepra quando tinha cerca de trinta anos, ele entrou em retiro solitário para praticar Vajrapani por cinco anos. Ele dedicou o resto da sua vida a tratar e curar pessoas com lepra e outras doenças. Ele também trabalhou intensamente para devolver o Budismo Mahayana e Vajrayana à sua forma pura. Jamphel Lodro foi reconhecido como a reencarnação de Getse Khentrul, que em sua vida passada tinha sido o mestre de Kalachakra Chözin Gyatso. Ele estudou as cinco tradições budistas tibetanas, frequentando onze monastérios no Tibete. Após uma peregrinação à Índia para praticar nos principais locais sagrados budistas, ele viajou para a Austrália com o compromisso dedicado de ensinar e traduzir o Dharma para a língua inglesa.

Prática de Sete Ramos e Súplica

> *Eu me prostro com corpo, fala e mente a você, refúgio supremo, infalível e eterno.*
> *Eu ofereço nuvens ilimitadas de oferendas, tanto concretas quanto mentalmente geradas.*

Esse verso é o começo do que é conhecido como a prática de sete ramos. Na tradição do Budismo Tibetano essa coleção de preces de sete práticas é comumente recitada como preliminar a muitas práticas, uma vez que ela oferece uma versão condensada de muitas instruções que são essenciais para a acumulação de mérito e sabedoria.

O primeiro ramo é similar à prática de refúgio, na qual você se prostra com o corpo, fala e mente como forma de *prestar homenagem* e expressar respeito ao refúgio absoluto, infalível e eterno do Lama e das Três Joias, que tem o poder de liberar você e a todos os seres do Samsara. Isso atua como um antídoto para o nosso orgulho. O segundo ramo da prece envolve *oferecer* nuvens ilimitadas de oferendas, tanto concretas quanto mentalmente geradas, como forma de acumular mérito. Enquanto você recita essas preces você deve visualizar o Campo de Refúgio como descrito anteriormente, com você e todos os seres sencientes oferecendo prostrações e outros objetos preciosos como na prática de oferenda de mandala. Isso serve como um antídoto para nossa mesquinhez ou falta de generosidade.

Eu confesso todas as minhas negatividades e transgressões acumuladas desde um tempo sem princípio.
Eu me regozijo em toda virtude no Samsara e Nirvana.
Eu rezo para que você gire a roda do Dharma incessantemente.

O terceiro ramo da prática de sete ramos envolve *confessar* todas as nossas negatividades e transgressões, com o Lama e as Três Joias como nossas testemunhas. Como na prática de Vajrasattva, todos os Quatro Poderes devem estar presentes. Com o Lama e as Três Joias como seu suporte, você deve cultivar arrependimento genuíno por toda a negatividade que você já acumulou através de seu corpo, fala e mente, como se você tivesse acabado de engolir veneno e fizesse uma resolução de não repetir isso no futuro. Como antídoto você pode visualizar raios de luz emanando das Três Joias e limpando toda a sua negatividade, que se reúne na forma de um amontoado escuro na ponta da sua língua.

Após essa prática de confissão vem o quarto ramo. Aqui você se *regozija* em toda a virtude no Samsara e no Nirvana, o que inclui o mérito acumulado por você e pelos outros, tanto seres comuns quanto seres iluminados. Isso permite que você acumule grandes ondas de mérito e atua como um antídoto para a inveja.

Abrangendo o quinto ramo, em seguida você reza para que o Lama e as Três Joias *girem a roda do Dharma* incessantemente, uma vez que sem alguém para nos ensinar o Dharma não haveriam meios de alcançar a liberação do Samsara e nós seríamos como pessoas cegas abandonadas no meio de um deserto. Após atingir a iluminação, inicialmente o Buddha decidiu não ensinar, mas mudou de ideia quando os deuses Brahma e

GURU YOGA DE BASE

Indra fizeram oferendas e pediram que ele girasse a roda do Dharma. Da mesma maneira, nós devemos pedir que todos aqueles que detêm os ensinamentos do Buddha continuem a ensinar nesse mundo como um antídoto para nossa delusão.

Eu imploro que você permaneça conosco sem passar para o Parinirvana.
Que toda virtude seja dedicada de modo que eu e todos os outros possamos rapidamente atingir a suprema iluminação!

Tendo rezado ao Lama e às Três Joias para girar a roda do Dharma, nesse sexto ramo nós rezamos para que eles *permaneçam conosco* no Samsara para sempre, sem passar para o Parinirvana, o estado além de todo sofrimento em que o Buddha entrou após falecer. Embora na realidade o Buddha esteja além de nascimento e morte, nossa habilidade de percebê-lo depende de nosso mérito, assim ao fazer esse pedido nós estamos rezando para que nós tenhamos o mérito de continuar a receber seus ensinamentos.

O sétimo e último ramo dessa prática é a *dedicação*, através da qual nós oferecemos toda virtude de modo que nós e todos os outros rapidamente alcancemos a suprema iluminação. Assim como nas outras práticas de dedicação, você não deve oferecer apenas sua própria virtude, mas todo o mérito acumulado por você e pelos demais no passado, presente e futuro. Essa intenção vasta levará sem dúvida a um resultado vasto.

Eu rezo ao meu precioso e glorioso Lama, senhor do Dharma e corporificação de todos os Buddhas.
Eu rezo ao meu precioso e glorioso Lama, senhor do Dharma que possui os quatro Buddha-kayas.

Esse verso nos lembra novamente que na prática do Vajrayana o Lama é o objeto mais importante de refúgio, uma vez que ele é a corporificação de todos os Buddhas, ou nosso elo vivo com a energia universal da iluminação. Ao aprender a ver o Lama como um ser iluminado possuindo os quatro Buddha-kayas, nós temos um caminho por meio do qual podemos descobrir os quatro Kayas internos de nossa própria natureza iluminada.

> *Eu rezo ao meu precioso e glorioso Lama, senhor do Dharma,*
> *meu incomparável refúgio supremo.*
> *Eu rezo ao meu precioso e glorioso Lama, senhor do Dharma,*
> *meu incomparável libertador supremo.*

O Lama é seu refúgio e libertador inigualável e supremo uma vez que ele corporifica o refúgio supremo das Três Joias, que nos oferece um caminho inequívoco e inigualável por meio do qual nós podemos ser resgatados do sofrimento do Samsara e atingir a perfeita iluminação.

> *Eu rezo ao meu precioso e glorioso Lama, senhor do Dharma,*
> *que ensina o supremo caminho da liberação.*
> *Eu rezo ao meu precioso e glorioso Lama, senhor do Dharma,*
> *a fonte de todas as realizações sublimes.*
> *Eu rezo ao meu precioso e glorioso Lama, senhor do Dharma,*
> *que dissipa a escuridão da ignorância.*

Nesse verso nós estamos reconhecendo nossa tremenda gratidão ao Lama, relembrando que ele ensina o caminho supremo para a liberação, que ele nos demonstra todas as realizações sublimes – como forma de estabelecer nossa conexão pessoal com os Buddhas – e que ele ilumina a escuridão da ignorância que nos impede de nos tornarmos iluminados.

> *Por favor me conceda empoderamento!*
> *Por favor me abençoe com o poder de me engajar na prática com completa dedicação!*

Nós estamos agora suplicando ao Lama para que ele nos conceda empoderamento, que é um ritual formal que nos conecta com a sua sabedoria iluminada (como descrito na seção a seguir). No Budismo Mahayana, a natureza vazia da mente é apresentada através de análise filosófica e contemplativa, de modo que a mente primeiro compreende a vacuidade e depois a descobre. Através do empoderamento (*abhisheka* em sânscrito), não apenas a mente, mas também o corpo e a fala são apresentados como uma manifestação de nossa Natureza Búdica, como se disesse "você tem isso!". Nós não estamos recebendo algo externo, mas antes nós estamos ativando um reconhecimento de algo dentro de nós.

Nós também rezamos ao Lama para nos empoderar de modo que nós possamos nos engajar na prática do Dharma com completa dedicação. Esse pedido é uma forma poderosa de criar condições que são conducentes à prática autêntica do Dharma.

Que todos os obstáculos sejam removidos para que eu possa dedicar minha vida à prática!
Que eu experiencie a essência da prática!

Os obstáculos à prática espiritual incluem obstáculos externos tais como problemas financeiros ou adversários agindo contra nós e obstáculos internos tais como pensamentos de mesquinhez ou luxúria, que desviam nossa mente da prática do Dharma. Nós também rezamos para experienciar a essência da prática, o que significa atingir verdadeira realização ao invés de apenas compreensão intelectual.

Que minha prática alcance a perfeição última!
Que eu naturalmente emane amor, compaixão e Bodhicitta!

Para assegurar que nossa prática do Dharma tenha sucesso, nós precisamos de dedicação ou devoção ao Dharma, bom foco ou concentração unidirecional. Nós também precisamos da habilidade de cultivar amor, compaixão e Bodhicitta, que devem se tornar uma parte de nós de tal modo que nós naturalmente emanemos essas qualidades.

Que eu una concentração e insight perfeitos!
Que eu atinja a verdadeira experiência e realização suprema do Dharma!

TESOURO OCULTO

Nós podemos experienciar a realidade da nossa Natureza Búdica e erradicar completamente nossas impurezas mentais se nós formos capazes de unir concentração e insight perfeitos. Portanto, nós rezamos para que possamos atingir Shamatha – o estado de perfeita concentração unidirecional pela qual a mente pode ser focada poderosamente como um holofote sobre qualquer objeto de nossa escolha – e que isso conduza à Vipashyana, o estado de claro insight na natureza da realidade.

> *Que eu leve à perfeição a prática do profundo caminho Vajra Yoga!*
> *Que eu seja empoderado(a) com os siddhis do grande selo nesta mesma vida.*

Finalmente, nós rezamos ao Lama para que nós possamos ser capazes de praticar e realizar o profundo caminho Vajra Yoga, que é o método tântrico extraordinário da Tradição Jonang Kalachakra conhecido como os Seis Vajra Yogas.

Recebendo os Quatro Empoderamentos

Através dos quatro empoderamentos, nós somos introduzidos aos sagrados corpo, fala mente e sabedoria primordial do Lama, que são na verdade uma manifestação de nossa própria Natureza Búdica. O "corpo, fala e mente" aos quais nós estamos sendo introduzidos têm muitos níveis de significado, mas, de forma simples, nós estamos purificando o corpo sutil (feito de canais e chakras), a fala sutil (ou vento interno), a mente sutil (ou essências) e finalmente o remanescente de todos os três combinados (conhecido como a consciência de base). De acordo com o sistema Kalachakra, os verdadeiros quatro empoderamentos acontecem com uma consorte de sabedoria secreta, portanto a prática de receber os empoderamentos aqui é uma representação simbólica desse nível mais profundo.

> *Da sílaba OM (ॐ) na fronte do meu Lama-raiz, o grande Vajradhara, luz branca flui e se dissolve no meu chakra da fronte, purificando negatividades e obscurecimentos do corpo. Que eu receba o empoderamento do vaso e*

GURU YOGA DE BASE

seja abençoado(a) com o corpo iluminado!

Com o primeiro empoderamento, conhecido como o *empoderamento do vaso*, luz branca se irradia da testa do Lama e se dissolve em seu chakra frontal, localizado entre os olhos, cerca de um centímetro acima da ponte nasal. Isso purifica obscurecimentos do corpo, relacionados com ações negativas tais como roubar ou infligir dano físico aos outros e desfaz as impurezas dos canais e chakras. Você é assim abençoado(a) com o Corpo-Vajra iluminado, tornando-se um recipiente pronto para a prática de visualização e empoderado(a) com as propensões para atingir o Nirmanakaya, o Corpo de Emanação de um Buddha.

Da sílaba AH (ཨཱཿ) na garganta do Lama, luz vermelha flui e se dissolve no meu chakra da garganta, purificando negatividades e obscurecimentos da fala. Que eu receba o empoderamento secreto e seja abençoado(a) com a fala iluminada!

Com o segundo empoderamento, conhecido como o *empoderamento secreto*, luz vermelha se irradia da garganta do Lama e se dissolve no seu chakra da garganta, localizado logo abaixo do pomo de Adão. Isso purifica negatividades e obscurecimentos da fala relacionados com ações negativas tais como a fala agressiva ou mentirosa. Ele também desfaz as impurezas dos ventos internos. Você é assim abençoado(a) com a Fala-Vajra iluminada, tornando-se um recipiente pronto para a prática de recitação de mantra e empoderado(a) com as propensões para atingir o Sambhogakaya, Corpo de Deleite de um Buddha.

Da sílaba HUM (ཧཱུྃ) no coração do Lama, luz azul-escuro flui e se dissolve em meu chakra do coração, purificando negatividades e obscurecimentos da mente. Que eu receba o empoderamento da sabedoria e seja abençoado(a) com a mente iluminada!

Com o terceiro empoderamento, conhecido como *empoderamento da sabedoria*, luz azul-escuro se irradia do coração do Lama e se dissolve no seu chakra cardíaco, localizado no centro do peito. Isso purifica obscurecimentos da mente relacionados com pensamentos tais como cobiça, ódio e visões fixas e desfaz as impurezas das essências sutis. Você é assim abençoado(a) com a Mente-Vajra iluminada, tornando-se um recipiente pronto para práticas tais como *tummo* (envolvendo os ventos sutis e canais) e empoderado(a) com as propensões para atingir o Dharmakaya, Corpo da Verdade da Sabedoria de um Buddha.

> *Da sílaba HOH (ཧོཿ) no umbigo do Lama, luz amarela flui e se dissolve no chakra do meu umbigo, purificando todas as propensões de pensamento conceitual e apego. Que eu receba o quarto empoderamento; que eu seja marcado(a) com os quatro Buddha-kayas e abençoado(a) com a indestrutível sabedoria primordial!*

Com o quarto empoderamento, conhecido como o *empoderamento* da palavra, luz amarela se irradia do umbigo do Lama e se dissolve em seu chakra do umbigo, que na verdade se localiza cerca de quatro dedos abaixo do umbigo. Isso purifica todas as propensões de pensamentos conceituais e apego, que se referem aos obscurecimentos cognitivos e impressões cármicas armazenados na consciência de base, a "base de todas as coisas". Isso desfaz as impurezas que são deixadas como resíduo dos três venenos já mencionados. Você é assim abençoado(a) com a Sabedoria-Vajra Primordial indestrutível, tornando-se um recipiente pronto para a meditação direta na verdade definitiva e empoderado(a) com as propensões para atingir o Svabhavikakaya, o sublime Corpo Essencial do Buddha.

Fundindo sua Mente com a Mente de Sabedoria do Lama

> *O Lama se derrete em luz e dissolve-se em mim. Minha própria mente torna-se inseparável da mente Dharmakaya do Lama. Que eu permaneça sem esforço nesse estado não conceitual e natural.*

Como nas práticas anteriores, você termina a prática de Guru Yoga dissolvendo toda a visualização, observando e contemplando a sua inseparabilidade do Lama. O Lama, portanto, se desfaz em luz e se dissolve em você. Enquanto isso acontece, sua mente torna-se inseparável da mente Dharmakaya do Lama. Quando você começa a praticar, há ainda uma noção de separação entre "você" e o Lama, assim como arroz e trigo podem ser separados, embora estejam misturados. Quando você avança nesse caminho, não há qualquer noção de estar separado e sua mente torna-se completamente amalgamada com a mente de sabedoria do Lama. Assim como água derramada em água, elas se tornam inseparáveis. Finalmente você chega à conclusão de que nunca houve qualquer separação entre sua mente e a mente do Lama, que não é outra coisa senão sua própria Natureza Búdica. Você não está apenas unindo sua mente com a mente do Lama, mas todo o seu ser, incluindo corpo e fala, embora na realidade não tenha nada para ser unido, uma vez que eles nunca estiveram separados.

Após fundir sua mente com a mente de sabedoria do Lama você deve permanecer sem esforço nesse estado não-conceitual e natural da melhor maneira possível. Deixe sua mente se unir com a mente do Lama por tanto tempo quanto você consiga sustentar. Uma vez que você perca essa sensação de unidade, você pode recitar preces por alguns minutos e então experimentar o Lama dissolvendo-se em você novamente, apenas observando, sem quaisquer ideias preconcebidas.

Pode levar um tempo para entender ou pegar o jeito dessa prática e nós não deveríamos reclamar se nada acontecer imediatamente. Para ter sucesso nessa prática, muitas condições devem estar presentes por parte de quem dá, de quem recebe e da própria conexão. O Lama tem que estar conectado puramente com uma linhagem autêntica, nós precisamos gerar uma grande quantidade de mérito enquanto mantemos a forma correta de devoção e nós precisamos de uma boa relação ou conexão cármica próxima com o Lama.

Dedicação

Que eu me torne exatamente como vocês, gloriosos Lamas-raiz e de linhagem.
Que meus seguidores, minha longevidade, meu título de excelência e meu reino puro tornem-se exatamente como os seus!

Nós dedicamos a virtude dessa prática de Guru Yoga aspirando emular os gloriosos Lamas-raiz e de linhagem. É nossa percepção limitada que nos impede de ver a verdade de que esses Lamas são, na realidade, Buddhas completamente iluminados. Nós devemos portanto aspirar seguir seu exemplo de modo que possamos revelar nossa própria Natureza Búdica.

Na segunda linha, nós estamos desenvolvendo a aspiração de atingir todas as qualidades iluminadas de nosso Lama. Isso inclui um séquito de "seguidores" ao nosso redor, que nós temos o poder de influenciar de maneira iluminada para alcançar nosso propósito iluminado. Isso é um resultado do nosso mérito. "Longevidade" se refere à uma longa vida de modo que possamos beneficiar os seres da melhor forma possível. "Título de excelência" se refere a como nos manifestamos para o benefício dos outros, quer seja como um Rei Kalki de Shambhala, um simples monge ou um eremita errante. Finalmente, "reino puro" se refere à manifestação do mérito que o Lama acumulou enquanto estava no caminho para o Estado Búdico, assim como o Buddha Amitabha dedicou oceanos de mérito para que os seres possam renascer em seu reino puro se eles lembrarem do nome dele no momento de sua morte.

Que por meio do poder das minhas preces a vocês,
Todas as doenças, pobreza e conflito sejam pacificados onde quer que estejamos!
Que o precioso Dharma e tudo que seja auspicioso expanda-se por todo o universo!

Com esse verso nós dedicamos a virtude da prática de modo que toda doença, pobreza e conflito sejam pacificados no mundo todo e que tudo seja virtuoso e auspicioso, especialmente que o precioso Dharma se expanda no universo inteiro e conduza todos os seres à felicidade última da iluminação.

* * *

As *Preliminares Exclusivas* detalhadas na próxima seção são reservadas para aqueles que assumiram os compromissos do Yoga Tantra Superior. Se você ainda não recebeu esses empoderamentos, então você deve cessar a sua recitação aqui no final do Guru Yoga. No futuro, quando as condições se apresentarem, você pode então receber os empoderamentos e se engajar nas práticas sem restrições.

TERCEIRA PARTE

Preliminares Exclusivas de Kalachakra e Prática Principal

— *Kalachakra Yab-Yum* —
Deidade Kalachakra Inato em união com Vishvamata

CAPÍTULO NOVE

Prática de Kalachakra Inato

Na próxima prática nós nos visualizamos na forma iluminada da deidade Kalachakra de dois braços, conhecida como Kalachakra Inato. Essa é a primeira das duas preliminares exclusivas para os Seis Vajra Yogas de acordo com a Tradição Jonang e é também conhecida como o Estágio de Geração no Yoga Tantra Superior. Nós só devemos nos engajar nesta prática se tivermos recebido antes um empoderamento de Yoga Tantra Superior, de preferência de acordo com o sistema do Kalachakra. Na Tradição Jonang nós praticamos o Estágio de Geração como uma preliminar para as práticas do Estágio de Completude dos Seis Vajra Yogas. Para tais práticas, receber o empoderamento de Kalachakra é imprescindível.

Quando você "gera a si mesmo(a)" como uma deidade iluminada, você não está gerando uma realidade fabricada, de faz de conta, mas ao invés disso você está usando um método extraordinariamente hábil para trazer a si mesmo(a) mais para perto da realidade não-dual da iluminação, que é sua natureza mais profunda. Com esse método você aprende a ver o universo como puro e todos os seres nele como iluminados, muito embora eles possam aparecer para as mentes comuns como tendo muitas impurezas que ainda não foram superadas. Ao ver através da realidade convencional, abraçando sua natureza última, você é capaz de experienciar todos os níveis da realidade com uma visão muito mais clara e compassiva.

No momento nós estamos presos em todo tipo de noções dualistas, distinções e emoções negativas. Meditar em si mesmo(a) como uma deidade ajuda a desfazer o casulo de delusão, introduzindo você em um Reino Búdico puro que é livre de todas as limitações dualistas. Isso permite que você transforme todas as experiências impuras em percepção pura, até que você realize que tudo sempre foi puro. Embora essa percepção pura ainda não seja a experiência real da vacuidade, você está mais perto dela e, portanto, isso é usado como um degrau provisório para alcançar uma realidade muito mais profunda. Uma vez que esteja completamente familiarizado(a) com a natureza pura de sua experiência, você estará qualificado(a) para praticar o Estágio de Completude, onde você medita diretamente na sublime vacuidade.

Enquanto você está treinando para ver a si mesmo(a) como a deidade iluminada Kalachakra, você está transformando seu mundo na mandala sagrada de Kalachakra, que representa a relação profunda entre o Kalachakra Externo do universo contentor, o Kalachakra Interno dos seres sencientes nele contidos e o Kalachakra Alternativo da natureza iluminada de ambos. Ao se familiarizar com a visualização e o mantra a seguir, especialmente durante prática intensiva em retiro, você pode obter convicção nessa realidade iluminada onde todas as aparências se tornam deidades iluminadas de Kalachakra, todos os sons se tornam a fala iluminada de Kalachakra e todos os pensamentos surgem e se dissolvem no reino não-nascido da mente iluminada de Kalachakra. Onde quer que você vá, toda a sua experiência se torna permeada pela essência de Kalachakra.

Uma Prática Concisa de Kalachakra Inato com Comentário

Como em qualquer prática Mahayana, você deve tomar refúgio e cultivar a intenção suprema de Bodhicitta. Assim você começa a prática, primeiramente estabelecendo a visualização e então recitando o mantra. Essa prática de visualização deve conter três características: (1) presença, (2) clareza e (3) pureza de percepção. *Presença*, ou orgulho divino, tem a ver com a força do sentimento ou conexão emocional que você tem com a visualização. *Clareza* é a consciência dos detalhes, que é gradualmente impressa em nossa mente através da prática. Eles devem ser vibrantes e translúcidos como um arco-íris, sem rigidez ou fixação. *Percepção pura* é quando você reconhece o significado verdadeiro dos símbolos que você está visualizando. Se você se sentir perplexo(a) com todos os detalhes, lembre-se de que o sentimento de presença e confiança são as coisas mais importantes.

Visualização

OM SHUNYATA JNANA VAJRA SVABHAVA ATMAKO HAM
OM, eu consisto da natureza da pura consciência vajra da vacuidade.

Recitando esse mantra, rapidamente visualize a si mesmo(a) e a todos os fenômenos dissolvendo-se no estado natural além de conceitos, e permaneça nesse estado por um momento. Você deve pensar com absoluta confiança, "Eu sou o estado natural e primordial da realidade, além de sujeito e objeto". Tente permanecer nesse estado não-conceitual da melhor forma possível.

Emergindo da vacuidade, eu surjo instantaneamente e espontaneamente como Kalachakra Inato. Eu surjo sobre um solo almofadado formado por um lótus e discos de lua, sol, Rahu e Kalagni*, em cima do topo do Monte Meru e do universo dos quatro elementos. Meu corpo é azul, com uma face, dois braços e três olhos. Eu abraço a consorte Vishvamata e seguro um vajra e um sino na altura do meu peito.

Do estado de vacuidade além de conceitos, você é infundido(a) com a intenção de Bodhicitta e instantaneamente surge como Kalachakra Inato, conhecido como "Dukor Langkye" em tibetano. Na mente iluminada de Kalachakra Inato surge uma série de quatro discos concêntricos representando o universo dos quatro elementos: (a partir da base) uma vasta mandala de vento, uma mandala de fogo, uma mandala de água e uma mandala de terra. No centro da mandala de terra surge o Monte Meru, no topo do qual surge uma flor de lótus multicolorida e então um disco branco de lua, um disco vermelho de sol, um disco preto de rahu e um disco amarelo de kalagni. O disco lunar simboliza a Bodhicitta, o disco solar simboliza a realização da vacuidade, o disco de rahu simboliza imutável bem-aventurança e o disco de kalagni simboliza a forma-de-vacuidade.

Kalachakra está de pé majestosamente sobre esse assento. Ele é azul-escuro, simbolizando a pureza última do canal central e tem uma face, simbolizando a verdade natural última de todos os fenômenos. Seus dois braços simbolizam o método e a sabedoria do estado primordial ou a inseparabilidade da grande e imutável bem-aventurança e forma-de-vacuidade. Seus três olhos simbolizam a percepção direta do passado, presente e futuro. Ele abraça a consorte Vishvamata, segurando um vajra na mão direita e um sino na esquerda, simbolizando a unidade última de método e sabedoria, ou os aspectos masculino e feminino da iluminação.

O pescoço de Kalachakra tem três cores – azul-escuro no meio, vermelho do lado direito e branco do lado esquerdo – simbolizando a eliminação das três características conhecidas como *Três Gunas:* 1) tamas, (2) rajas e (3) sattva. No Kalachakra essas qualidades representam os *Três Venenos:* (1) ignorância, (2) apego e (3) aversão. Esses termos são familiares para os seguidores do sistema hindu Samkhya e foram usados especificamente para ajudar a guiar tais praticantes para um caminho benéfico.

Minha perna esquerda branca está flexionada e pisa o coração do deus branco da criação. Minha perna direita vermelha está estendida e pisa o coração do deus vermelho do desejo. Minha cabeça está adornada com um coque de tranças, uma joia que realiza desejos e uma lua crescente.

Kalachakra tem duas pernas e está em pé em cima dos dois deuses samsáricos ligados à tradição hindu, simbolizando liberdade tanto do

Samsara quanto do Nirvana. A perna esquerda branca está levemente curvada e pisa o peito do deus Ishvara, representado como um deus branco irado, com três olhos, uma face, usando uma pele de tigre e um ornamento de cobra; ele está caído de costas após ter desmaiado. Isso significa a transformação do canal esquerdo lalana e a eliminação das quatro aflições (apego, aversão, ignorância e orgulho). A perna direita vermelha está estendida e pisa o peito do deus vermelho do desejo Kamadeva, que tem uma face pacífica, dois braços e usa ornamentos de joias, também caído de costas após ter desmaiado. Isso significa a transformação do canal direito rasana e a eliminação dos quatro maras (agregados, aflições, morte e objetos prazerosos).

A cabeça de Kalachakra está adornada com um coque de grossas tranças que caem pelas costas, e no topo disso está uma preciosa joia que realiza desejos envolta em seda. Na frente do coque está um vajra cruzado multicolorido, simbolizando os *quatro poderes sublimes de um Buddha*: (1) pacificar, (2) aumentar, (3) controlar e (4) subjugar de forma irada. Acima do vajra duplo está uma lua crescente simbolizando imutável bem-aventurança.

Eu estou trajando ornamentos vajra e uma veste inferior de pele de tigre. Meus dedos são de cinco cores diferentes e as três juntas de cada dedo também são de cores diferentes. Vajrasattva está sentado acima do topo de minha cabeça e eu estou em pé no centro de um anel de chamas de cinco cores diferentes. Minha expressão é um misto de fúria e paixão.

Kalachakra está adornado com numerosos ornamentos vajra feitos de diamante indestrutível tais como brincos, colares, braceletes, cinto, tornozeleiras e malas. Ele veste uma echarpe de seda, simbolizando a imutável bem-aventurança indestrutível da mente iluminada. Na parte de baixo está trajando uma vestimenta de pele de tigre, simbolizando a eliminação do orgulho e da arrogância.

Os cinco dedos da mão esquerda e direita são de cinco cores diferentes: (1) o polegar é amarelo, (2) o indicador é branco, (3) o dedo médio é vermelho, (4) o anelar é azul-escuro e (5) o dedo mínimo é verde. Isso simboliza a purificação dos *cinco elementos* do canal esquerdo lalana, que resulta no alcance das *cinco sabedorias:* (1) a sabedoria oniabarcante, (2) a sabedoria semelhante ao espelho, (3) a sabedoria da equanimidade, (4) a sabedoria da discriminação e (5) a sabedoria que tudo realiza. Em cada mão, as três juntas de cada dedo são de três cores diferentes: (1) a junta mais próxima à ponta do dedo é branca, (2) a junta do meio é vermelha e (3) a junta da base (mais próxima da palma) é azul-escuro. Essas cores simbolizam a purificação do canal direito rasana e o alcance (1) do corpo-vajra indestrutível, (2) da fala-vajra indestrutível (3) e da mente-vajra indestrutível. A coroa da cabeça é adornada com um Vajrasattva azul, simbolizando que Kalachakra primariamente pertence à família búdica de Vajrasattva.

Raios luminosos de cinco cores diferentes irradiam-se pela extensão de um corpo, então tornam-se um anel de chamas intensas, com as chamas e as luzes se estendendo ainda mais. Sua face tem uma aparência tanto de fúria quanto de poder, com um par assustador de presas superiores e inferiores e os três olhos dilatados e levemente avermelhados. Sua expressão mostra um misto de implacável intensidade irada e amor ardente ou divina bem-aventurança sexual. Isso significa compaixão indestrutível e imutável bem-aventurança.

> *Eu sou abraçado por Vishvamata que tem um corpo amarelo, com uma face, dois braços e três olhos. Ela segura uma faca curva em sua mão direita e uma copa de crânio em sua mão esquerda. Com sua perna direita flexionada e sua perna esquerda estendida, nós estamos de pé juntos em união. Ela está nua e adornada com os cinco ornamentos de ossos. Metade de seu cabelo está preso no topo da cabeça e metade cai sobre as costas.*

Kalachakra está abraçando a consorte Vishvamata em união inseparável (conhecida como Kalachakra Yab-Yum). O aspecto Vishvamata tem um corpo amarelo dourado, com uma face, dois braços e três olhos.

PRÁTICA DE KALACHAKRA INATO

Ela está segurando uma faca curva de esfolamento em sua mão direita que abraça Kalachakra. Ela segura uma copa de crânio em sua mão esquerda, oferecendo néctar divino a Kalachakra. Ela está de pé junto com Kalachakra em divina união sexual, sua perna direita curvada e sua perna esquerda estendida. Ela está nua e adornada com uma roda dourada no topo da cabeça e cinco ornamentos de ossos: (1) brincos, (2) pulseiras, braceletes, (3) tornozeleiras, (4) cinto e (5) colares. Metade de seu cabelo está amarrado em um nó no topo da cabeça e metade cai sobre as costas, simbolizando como todos os fenômenos, em última instância, têm a natureza da forma-de-vacuidade.

Na fronte de meu Yab-Yum aparece a sílaba OM (ॐ); na garganta AH (अः); no coração HUM (हूं); no umbigo, HOH (ह्रोः); no lugar secreto, SVA (स्व); e no topo da cabeça, HA (ह).

Na testa de Kalachakra Yab-Yum está (1) um OM branco, representando a natureza pura do elemento água e Amitabha, o corpo-vajra de todos os Buddhas. (2) Em sua garganta está a sílaba AH vermelha, representando a natureza pura do elemento fogo e Ratnasambhava, a fala-vajra de todos os Buddhas. (3) Em seu coração está a sílaba azul-escuro HUM representando a natureza pura do elemento ar e Amoghasiddhi, a mente-vajra de todos os Buddhas. (4) Em seu umbigo está um HOH amarelo, representando a natureza pura do elemento terra e Vairochana, a sabedoria-vajra indestrutível de todos os Buddhas. (5) Em seu lugar secreto está a sílaba azul SVA, representando a natureza pura do elemento sabedoria primordial e Vajrasattva, a pureza suprema da sabedoria primordial dos Buddhas. (6) Finalmente, no topo da cabeça está um HA verde, representando a natureza pura do elemento espaço e Akshobhya, as atividades-vajra de todos os Buddhas.

O propósito de visualizar as seis sílabas não é apenas abençoar e transformar esses locais particulares do corpo, mas compreender que Kalachakra e Vishvamata são a pura corporificação dos seis reinos do Samsara e que isso não é diferente de sua própria natureza primordial.

Raios de luz emanam do meu coração transformando o universo inteiro em um campo búdico e todos os seres em inumeráveis deidades da mandala de Kalachakra.

A seguir, raios de luz de seis cores diferentes emanam do coração de Kalachakra e das seis sílabas, estendendo-se para os seis reinos do Samsara. O campo búdico da Mandala de Kalachakra permeia o universo inteiro dos seis reinos e a luz transforma todos os seres em inúmeras deidades da mandala de Kalachakra.

Com confiança, lembre-se de que você é Kalachakra e Vishvamata em união e torne sua visualização clara, vibrante e translúcida como luz iridescente, ao invés de uma figura comum ou uma estátua. Permaneça nesse estado natural de Kalachakra por tanto tempo quanto desejar.

Repetição do Mantra e Dissolução

OM HA KSHA MA LA VA RA YAM (SVAHA)
(Recite o mantra por tanto tempo quanto quiser)

Tendo estabelecido a visualização de Kalachakra Inato, você deve então visualizar o símbolo do mantra de Kalachakra em seu peito e recitar o mantra. A melhor forma de recitar o mantra é trazer à mente uma compreensão dos muitos níveis diferentes de significado de cada sílaba, enquanto mantém uma visualização clara em sua mente. Ele pode ser recitado em voz alta ou silenciosamente; de qualquer modo é preciso um som distinto para cada sílaba. O melhor método é recitar o mantra como um sussurro, se assegurando de que não é muito alto.

Para visualizar o símbolo do mantra (às vezes conhecido como O Poderoso Décuplo), visualize um lótus em seu coração com discos sobre ele – lua, sol, rahu e kalagni. No topo dos discos aparece o símbolo do mantra com letras coloridas interconectadas, como é mostrado a seguir. Dependendo da prática que você está fazendo, você pode visualizar os componentes com cores diferentes. Na Tradição Jonang, para o Estágio da Geração de Kalachakra nós visualizamos o símbolo como segue (do topo para baixo): (1) um HA branco; (2) um KSHA verde; (3) um MA multicolorido; (4) um LA amarelo; (5) um VA branco; (6) um RA vermelho; (7) um YA preto; (8) no topo um crescente branco; (9) com uma gota vermelha em cima; e (10) um nāda azul-escuro (como uma pequena chama) se elevando da gota.

As sílabas do mantra têm múltiplos níveis de significado, simbolizando vários aspectos do Kalachakra Externo, Interno e Alternativo. Num sentido genérico significa todo o Buddhadharma, incluindo os três veículos e os 84.000 ensinamentos do Buddha. Também representa os seis elementos, que compõem todos os fenômenos convencionais e são os principais objetos de purificação: (1) vento (YA), (2) fogo (RA), (3) água (VA), (4) terra (LA), (5) consciência (MA) e (6) espaço (HA). Esses elementos são também associados com seis aspectos do caminho para a iluminação e as seis famílias búdicas, o resultado final da iluminação. Adicionalmente, o KSHA verde representa o elemento da mente primordial, a lua crescente representa as essências vermelhas, a gota representa as essências brancas e o nāda representa o canal central.

Visualizações Alternativas para a Recitação

Se os detalhes específicos forem muito difíceis, Jetsun Taranatha nos dá a opção de simplesmente visualizar o mantra na cor verde no centro de nosso coração, uma vez que o verde representa todas as cores. Alternativamente, você pode continuar a praticar uma das visualizações a seguir. Dentre elas, você pode escolher focar a visualização com a qual você sinta mais conexão. Enquanto recita o mantra, foque os detalhes da visualização e repouse a mente no estado que ela produz. Através do poder dessa prática, você pode começar a experienciar todos os sons como mantra, todas as aparências como deidades e todos os pensamentos como a sabedoria Dharmakaya.

O Poderoso Décuplo

Relembrança da Mandala de Kalachakra

Do mantra de Kalachakra visualizado em seu coração, você irradia infinitos raios de luz para os reinos búdicos Sambhogakaya e invoca todas as 636 deidades de Kalachakra e quaisquer outras deidades Yidam das quatro classes de tantra. Kalachakra Yab-Yum absorve todas essas deidades e, assim, você se torna a corporificação de todas elas.

Relembrança do Guru-Raiz

Visualizando a si mesmo(a) como Kalachakra Yab-Yum e a partir do mantra em seu coração, irradie luz em todas as direções invocando seu(sua) principal Guru espiritual. Você recebe os quatro empoderamentos de seu

Guru, que então se dissolve no Vajrasattva azul acima do topo de sua cabeça e vocês se tornam inseparáveis.

Relembrança dos Professores do Dharma

Visualizando a si mesmo(a) como Kalachakra em união com Vishvamata, luz se irradia em todas as direções a partir do mantra em seu coração, invocando todos os mestres do Dharma com os quais você tem conexão. Todos eles se dissolvem em seu Guru principal, a corporificação de todos os professores espirituais, que é inseparável de Vajrasattva no topo de sua cabeça.

Oferendas aos Seres Iluminados

Visualize a si mesmo(a) como Kalachakra Yab-Yum e irradie raios de luz infinitos para todos os reinos búdicos a partir do mantra de Kalachakra em seu coração. Os raios se transformam em incontáveis oferendas feitas externamente, internamente e secretamente, satisfazendo e agradando as mentes puras de todos os Buddhas. Ao mesmo tempo, tenha certeza de que todos os seres acumulam oceanos de méritos. Os raios de luz então retornam trazendo as bênçãos do corpo, fala e mente de todos os Buddhas na forma de imagens, mantras e símbolos, que se dissolvem em Kalachakra Yab-Yum. Você assim recebe os poderes de corpo, fala e mente de todos os Buddhas.

Purificação de Todos os Reinos Impuros

Visualizando a si mesmo(a) como Kalachakra Yab-Yum, agora raios infinitos de luz se irradiam do mantra em seu coração para todos os universos impuros. Assim que a luz toca cada universo, ele instantaneamente se torna um reino búdico puro, repleto de maravilhosos palácios, e todos os seres se tornam instantaneamente deidades de Kalachakra. Os raios de luz retornam e se dissolvem em Kalachakra Yab-Yum. Isso é conhecido como purificar os universos impuros e é equivalente à prática de Bodhisattva conhecida como treinamento de terra pura, por meio da qual todas as raízes de virtude são transformadas em meios para se estabelecer um reino búdico no qual você vai alcançar o estado da iluminação. Para os praticantes sútricos do Mahayana essa prática se estende por muitos éons, contudo um autêntico praticante Vajrayana pode completá-la em um espaço curto de tempo.

O Círculo Mântrico Ardente

As duas próximas visualizações são comumente praticadas em todas as formas de Yoga Tantra Superior. Para a primeira delas, continue a se visualizar como Kalachakra Yab-Yum com o símbolo de Kalachakra em seu coração, relembrando que a sua natureza verdadeira e natural é vazia de todos os fenômenos ilusórios: todos os fenômenos samsáricos e iluminados são uma manifestação de Kalachakra Yab-Yum. Com grande confiança veja todas as sílabas do mantra de Kalachakra OM HAKSHA MALA VARAYA se irradiando numa corrente da boca de Kalachakra para seu coração, descendo pelo seu corpo até a secreta joia vajra e fluindo com um grande som de bem-aventurança para o lótus secreto de Vishvamata. A corrente de sílabas então se move para cima através do canal central dela, fluindo da boca dela para a boca de Kalachakra antes de se dissolver no símbolo no coração dele. A cada vez que um novo mantra se forma, ele continua a fluir dessa maneira.

O Círculo Mântrico Ardente Invertido

Para esta segunda forma, visualize a si mesmo(a) como Kalachakra Yab-Yum com o mantra de Kalachakra em seu coração como antes. Relembre que sua realidade verdadeira e natural é vazia de todos os fenômenos ilusórios e que todos os fenômenos samsáricos e iluminados são a manifestação de Kalachakra Yab-Yum. Com grande confiança, veja todas as sílabas do mantra de Kalachakra, OM HAKSHA MALA VARAYA, irradiando-se em uma corrente da boca de Kalachakra para a boca de Vishvamata, descendo

PRÁTICA DE KALACHAKRA INATO

pelo canal central dela e fluindo através de seu lótus secreto com um grande som de bem-aventurança para a joia vajra secreta de Kalachakra. O mantra então sobe pelo canal central dele e se dissolve no símbolo de Kalachakra em seu coração. A cada vez que um novo mantra se forma, ele continua a se mover como uma corrente circular dessa maneira.

A Recitação que é como o Zumbido de Abelhas

Finalmente, existem duas outras formas de visualização e recitação de mantra que foram praticadas por muitos grandes mestres indianos e tibetanos. Elas são muito poderosas e são realizadas apenas pelos praticantes do Yoga Tantra Superior. Elas também são as práticas mais preciosas de preparação para o Estágio da Completude de Kalachakra e prática principal de recitação no Yoga Tantra Superior, pois através delas pode-se alcançar a realização da união inseparável de grande bem-aventurança e forma-de-vacuidade.

Para a primeira prática, continue a se visualizar como Kalachakra Yab-Yum com o mantra em seu coração. Dessa vez todos os Buddhas e seres sencientes nas dez direções instantaneamente se tornam Kalachakra. Todos recitam o mantra de Kalachakra OM HAKSHA MALA VARAYA de modo que tudo o que você consegue ouvir é o som do mantra. Mantenha sua mente focada nesse estado e recite o mantra de forma unidirecional: OM HAKSHA MALA VARAYA. Um mestre indiano afirmou que "por meio dessa visualização e prática, suas recitações de mantra, prática e mérito são multiplicadas".

As Quatro Atividades Extraordinárias

A segunda prática é conhecida como as quatro atividades extraordinárias, desempenhadas para os outros por praticantes tântricos. Essas atividades incluem: pacificar, aumentar, controlar e subjugar de forma irada; cada uma é identificada com uma cor específica como descrito a seguir e pode ser praticada individualmente ou de forma conjunta.

Uma vez mais comece se visualizando como Kalachakra em união com Vishvamata com o símbolo de Kalachakra no seu coração, e dessa vez multidões de deidades aparecem em meio a raios de luz irradiando-se para os recantos mais distantes do espaço. Essas correntes de luz se expandem a partir da sílaba semente: (1) luz branca emerge como deidades brancas para pacificar ou dissipar doenças, aflições e obstáculos; (2) luz amarela emerge como deidades amarelas para aumentar a longevidade, mérito, riqueza e as boas qualidades de todos os seres; (3) luz vermelha emerge como deidades vermelhas para conceder a habilidade de controlar e alcançar poder, glória, grande energia e influência para o benefício de todos os seres; e (4) finalmente, luz azul-escuro emerge como deidades azul-escuro para vencer demônios, maras e obstáculos difíceis que impedem a capacidade dos seres sencientes de alcançar a iluminação.

As luzes e deidades retornam e se dissolvem em você, erradicando suas aflições e obscurecimentos à iluminação. Suas realizações são fortalecidas e você alcança a habilidade de controlar seus ventos internos e chakras: toda sua ignorância e ilusões são removidas.

Essas duas visualizações podem ser praticadas sequencialmente, com cada parte seguida pela recitação do mantra, ou como um conjunto com a recitação do mantra ao final.

Dissolução

A visualização inteira então se desfaz em luz e se dissolve em você.

Para concluir a sessão de prática, dissolva no Kalachakra Yab-Yum todas as visualizações que você tenha gerado, incluindo o ambiente e as deidades da mandala inteira; então, Vishvamata se dissolve em Kalachakra, e Kalachakra se dissolve da periferia ao centro, o símbolo interno do mantra permanecendo no seu peito. Em seguida, o símbolo do mantra se dissolve de sua base para o nāda no topo. O nāda no topo do símbolo desaparece na vacuidade gradualmente, e você permanece nesse estado de consciência aberta por quanto tempo você puder.

Dessa maneira, a visualização inteira se dissolve e se funde com você, tal como água derramada em água. Em toda essa prática você deve ter uma compreensão clara de que o abraço de Kalachakra e Vishvamata são na verdade você. Ao dissolver a visualização, você deve simplesmente repousar sua consciência nessa inseparabilidade.

Dedicação

Através da força dessa virtude, Que eu rapidamente atinja o estado de Kalachakra, e conduza todos os seres à iluminação de Kalachakra!

Como com as práticas anteriores, você termina dedicando o mérito de modo a rapidamente atingir o estado de Kalachakra através da prática dos Seis Vajra Yogas. Seu objetivo deve ser conduzir todos os seres ao estado de iluminação de Kalachakra, quando então o Rupakaya, o Corpo de Forma da iluminação, trará espontaneamente benefícios a incontáveis seres sencientes.

("A Escada Divina – Preliminares e Prática Principal do Profundo Vajra Yoga de Kalachakra", composta por Drolway Gonpo (Taranatha), descreve como os grandes mestres da linhagem tântrica Jonang e seus filhos do coração praticavam e inclui a essência de todas as instruções puras da linhagem).

O autor desse texto é Taranatha, o grande mestre Jonang do século 17 que foi tanto um brilhante erudito quanto um praticante altamente realizado. Ele reúne as instruções essenciais que foram passadas de geração a geração, dos mestres tântricos da linhagem para seus discípulos de coração. Os grandes praticantes do passado praticaram dessa forma e nós devemos considerar uma tremenda bênção ter a oportunidade de seguir seus passos. Aqui o texto principal encontra-se completo.

CAPÍTULO DEZ

Aspiração para Realizar os Seis Vajra Yogas

Por meio da prática do Estágio de Geração de Kalachakra Inato, nós fortalecemos nossa percepção pura, o que nos permite usar mais de nossa experiência como base para realizar a natureza última da realidade. Com essa base, nós agora estamos prontos para entrar na prática principal do Estágio de Completude de Kalachakra: os Seis Vajra Yogas.

Para poder praticar esses métodos profundos é necessário primeiro receber os *Quatro Empoderamentos Superiores* de um Mestre-Vajra de Kalachakra qualificado. Você também vai precisar receber as instruções essenciais sobre como praticar essas técnicas apropriadamente. Por essa razão é vital que você cultive uma relação espiritual com um mestre autêntico que detenha a linhagem dessas instruções. Sem elas, não há como progredir no caminho.

ༀ་ཨཿ ཧཱུྃ་ཧོཿ ཧཱུྃ་ཕཊཿ

De acordo com a Tradição Jonang-Shambhala, as práticas do Estágio de Completude são ensinadas idealmente de maneira experiencial, com o estudante primeiro recebendo as instruções e então se engajando na prática até que a técnica seja dominada. À medida que o estudante atinge o nível necessário de realização, o Mestre-Vajra provê o próximo conjunto de instruções. Dessa maneira o estudante progride passo a passo, o que assegura que os resultados desejados sejam alcançados.

Embora esse seja o método mais tradicional de prática, também se tornou comum praticar todos os Seis Yogas intensivamente durante um retiro de três anos. Muitos praticantes Jonang se engajam nesse tipo de retiro bem jovens, de modo a estabelecer as conexões necessárias com o Caminho do Vajra Yoga. Após desenvolver familiaridade com as práticas, eles ou entram imediatamente em um retiro longo ou então continuam a expandir sua compreensão através do estudo antes de entrar em retiro mais tarde.

Até o momento em que nós sejamos capazes de participar de tal retiro, nós devemos focar nossa atenção em desenvolver a aspiração de praticar os Seis Vajra Yogas. A prece a seguir é concebida para fortalecer nossa conexão com esse caminho e nos ajudar a desenvolver familiaridade com a estrutura geral das práticas.

A Preliminar Exclusiva dos Três Isolamentos

Após receber as iniciações do Estágio de Completude, a primeira prática dada é, na verdade, a última das preliminares exclusivas, conhecida como os *Três Isolamentos* (*Wen Sum* em tibetano). Essa prática especial, feita em um quarto escuro, é especificamente concebida para estabelecer a concentração não-conceitual, unidirecionada, que é necessária para que os Vajra Yogas sejam praticados de forma autêntica. Essa prática avançada não está contida no texto-raiz, uma vez que ela é tradicionalmente transmitida diretamente pelo Mestre-Vajra ao estudante. Eu vou agora descrever brevemente os elementos principais dessa prática para dar uma indicação de sua estrutura e propósito.

Os Três Isolamentos são essencialmente um método efetivo para desenvolver a mente de concentração unidirecionada conhecida como *Shamatha*. O que torna essa prática tão especial é que ela combina uma meditação profunda, similar às tradições de *Mahamudra* e *Dzogchen*, com uma postura física poderosa que trabalha diretamente com o corpo energético sutil do praticante. Juntos, esses dois aspectos rapidamente isolam o corpo, fala e mente do meditador, tornando-os maleáveis e conducentes às práticas ióguicas avançadas. Os resultados dessa prática podem ser entendidos da seguinte maneira:

1. **Isolamento do Corpo:** Por meio do uso de uma postura física incomum de sete pontos, as energias sutis que estão distribuídas pelo corpo são gradualmente reunidas e começam a fluir para o canal central. Quando isso acontece, o corpo se torna maleável e capaz de meditar por períodos extensos sem fadiga. Porque o corpo físico não está mais causando desconforto ao meditador, torna-se então possível recolher completamente a mente para a consciência não-conceitual.

2. **Isolamento da Fala:** Se nós nos prendermos ou nos apegarmos à fala ordinária, nosso vento interno vai circular através dos canais direito e esquerdo. Esse movimento da energia traz consigo a proliferação dos pensamentos conceituais que servem para mascarar nossa natureza primordial. Quando nós descansamos no silêncio, a circulação da energia desacelera, fazendo com que a mente conceitual se torne dormente e permitindo que a mente não-conceitual se manifeste. À medida que nos tornamos mais familiarizados com essa prática, a respiração vai se tornando extremamente sutil e nós somos capazes de permanecer em silêncio por tanto tempo quanto desejarmos, sem experimentar tédio ou outras formas de dificuldade.

3. **Isolamento da Mente:** Enquanto estivermos presos ou apegados a pensamentos ordinários e dualistas, será impossível manipular efetivamente os ventos sutis. Ao descansar em uma mente que é livre de todas as formas de apego, nós paramos de alimentar a proliferação indesejável de pensamentos. Isso por sua vez permite que nossos ventos sutis se aquietem ainda mais, até que nós consigamos alcançar uma mente prístina que é bem-aventurada, não-conceitual e incrivelmente lúcida.

Já que esses três componentes estão tão proximamente interconectados, ao trabalhar com todos eles simultaneamente é possível alcançar níveis extraordinários de concentração em um período relativamente curto de tempo. Quando feita corretamente, normalmente leva dois meses de prática intensiva para se alcançar as realizações desejadas. Dito isto, esse prazo depende inteiramente de quão bem o praticante prepara sua mente com as práticas preliminares discutidas anteriormente. Se as qualidades de paciência e determinação são cultivadas, com o tempo sua mente se desenvolverá através dos quatro estágios seguintes:

1. **Percepção:** Nesse estágio a mente tem maior consciência mas ainda não consegue permanecer com foco unidirecional por muito tempo.

2. **Habituação:** À medida que os pensamentos surgem, eles espontaneamente se dissolvem, permitindo à mente permanecer com foco unidirecional sem esforço.

3. **Estabilização:** Ao continuar a praticar, pensamentos raramente surgem e a mente não se torna mais perturbada ou perde a concentração. Ocasionalmente pensamentos surgirão e então gentilmente passarão.

4. **Perfeita Estabilização:** A mente se torna tão hábil que pode escolher entre repousar de modo espontâneo em uma quietude unidirecional ou focar sem distração em um tópico de análise.

A Prática Principal dos Seis Vajra Yogas

Ao praticar os Seis Vajra Yogas, você desenvolve a habilidade de ver tanto a si mesmo(a) quanto seu ambiente como forma-de-vacuidade não-dualista. As práticas iniciais em quarto escuro focam em desenvolver familiaridade com essas formas-de-vacuidade e, então, através de técnicas ióguicas especiais, você une as percepções de forma-de-vacuidade com a consciência e os ventos internos. Quando esses três aspectos são completamente integrados, eles fornecem a base para que esses ventos entrem no canal central e dissolvam as essências sutis localizadas em pontos diferentes do corpo sutil. Por conseguinte essas essências sutis dão surgimento a estados mentais cada vez mais concentrados. O resultado dessa prática é a habilidade de cessar completamente o fluxo de todos os ventos internos e assim dissolver a experiência de um corpo material, até que tudo o que reste seja o corpo de arco-íris ilusório no momento da iluminação.

Não existe um texto-raiz específico para a prática dos Seis Vajra Yogas, uma vez que tradicionalmente eles foram transmitidas oralmente de mestre para discípulo. Devido à natureza extremamente avançada dessa prática, é necessário fortalecer sua aspiração até o momento em que você seja realmente capaz de controlar seu sistema energético sutil, ou que seu Mestre-Vajra acredite que você esteja qualificado(a) para começar.

OM AH HUM HOH HAM KYA

Que por meio do poder da Natureza Búdica eu cesse o movimento conceitual da minha mente. Que eu experiencie os dez sinais e a mente da clara-luz e atinja o caminho do Yoga do Recolhimento. Eu rezo aos meus salvadores, meu bondoso Lama e os herdeiros da linhagem sagrada. Abençoem-me para que isso se realize!

O mantra de seis sílabas no começo desse verso simboliza tanto os seis chakras como as seis práticas ióguicas. O poder da Natureza Búdica se refere ao "Tathagatagarbha", a base primordial ou Buddha natural que reside no continuum de cada ser, através do qual todas as qualidades iluminadas são obtidas.

A próxima linha descreve o primeiro dos Seis Vajra Yogas, conhecido como *Recolhimento*. Isso inclui uma prática noturna, feita em um quarto escuro com os olhos abertos e uma prática diurna, que envolve focar a visão no céu azul aberto. Por meio dessas práticas, o movimento conceitual da sua mente é cortado, enquanto os dez ventos internos que circulam no corpo sutil são absorvidos no canal central. Os dez sinais e a mente da clara-luz são experienciados, os quais então se tornam mais fortes, vívidos e mais estáveis. Quatro desses sinais são objetos da prática noturna enquanto os outros seis são objetos da prática diurna. Com base nesses dez sinais, um "mundo interno", bem independente do mundo externo, é desenvolvido. Nesse estágio, no entanto, esses sinais ainda são percebidos como separados da consciência subjetiva da mente.

Finalmente, como essa é uma prece de aspiração, você reza ao Lama e a todos os herdeiros da sagrada linhagem, uma vez que a prática só pode ser realizada com uma conexão com a linhagem de transmissão e devoção ao Lama.

Que por meio do poder da Natureza Búdica minha fala, vento interno e consciência se tornem inabaláveis. Que minha sabedoria se engrandeça, juntamente com a alegria e bem-aventurança da análise e, que eu atinja o caminho do Yoga da Estabilização. Eu rezo aos meus salvadores, meu bondoso Lama e os herdeiros da linhagem sagrada. Abençoem-me para que isso se realize!

Esse verso se refere ao segundo dos Seis Vajra Yogas, conhecido como *Estabilização Meditativa*. Por meio desse Yoga, a percepção das formas-de-vacuidade alcançada na prática anterior é unificada indivisivelmente com a consciência do percebedor interno e, portanto, a fala, vento interno e consciência tornam-se inabaláveis. Enquanto o primeiro Yoga permite perceber as formas-de-vacuidade dos dez sinais como objetos da mente, o segundo Yoga permite ao praticante "misturar" esses sinais com a mente e experienciar a alegria e bem-aventurança da análise (insight especial). Antes desse estágio, você pratica com a consciência do sentido da visão e formas visuais. Aqui você pratica com cada uma das consciências dos sentidos e seus objetos individualmente, incluindo som, sabor, cheiro e toque. Nesse estágio, condições especiais tais como um quarto escuro não são necessariamente requeridas.

ASPIRAÇÃO PARA REALIZAR OS SEIS VAJRA YOGAS

Que por meio do poder da Natureza Búdica os dez ventos de lalana e rasana adentrem o avadhuti. Que eu experiencie o fogo ardente de tummo e o derretimento e descida da essência HAM (ཧཾ) do topo de minha cabeça. Que assim eu atinja o caminho do Yoga da Força Vital. Eu rezo aos meus salvadores, meu bondoso Lama e os herdeiros da linhagem sagrada. Abençoem-me para que isso se realize!

O terceiro dos Seis Vajra Yogas é conhecido como controlar a *Força Vital*. Anteriormente as formas-de-vacuidade eram misturadas com a própria consciência perceptiva. Essas duas agora são combinadas com os ventos internos de modo que não haja separação entre os três. Os dez ventos dos canais esquerdo e direito (lalana e rasana) são unificados à medida que são recolhidos no canal central (avadhuti), assim fazendo com que a circulação dos ventos internos nos canais esquerdo e direito cesse. Isso é alcançado através do foco no centro do umbigo, onde o fogo ardente de tummo (conhecido como "fogo interior") é experienciado. À medida que a energia no canal central se intensifica, o calor se eleva e derrete a sílaba HAM (ཧཾ) visualizada no topo da cabeça. À medida que a energia começa a gotejar, ela gera uma experiência cada vez mais intensa de bem-aventurança.

Que por meio do poder da Natureza Búdica a essência branca seja retida e estabilizada em minha fronte. Que eu experiencie bem-aventurança inalterável enquanto as essências se derretem e atinja o caminho do Yoga da Retenção. Eu rezo aos meus salvadores, meu bondoso Lama e os herdeiros da linhagem sagrada. Abençoem-me para que isso se realize!

Esse verso se refere ao quarto Yoga, conhecido como *Retenção*. Durante o estágio anterior, o praticante é capaz de reter os fluidos corporais essenciais e assim unificar formas-de-vacuidade, consciência e ventos sutis. Por meio desse Yoga, esses três elementos são então integrados com as indestrutíveis essências fluídicas sutis localizadas nos seis chakras sutis. Começando com as essências brancas que são retidas e estabilizadas no chakra frontal, o praticante aprende a direcionar as essências para baixo ao longo do canal central, movendo-as de chakra para chakra. À medida que se faz isso, aspectos da grande bem-aventurança são experienciados. Essa bem-aventurança aumenta à medida que as essências sutis continuam a derreter, dando surgimento ao que é conhecido como os dezesseis aspectos da alegria.

> *Que por meio do poder da Natureza Búdica todos os meus chakras e canais sejam preenchidos com a essência pura da grande bem-aventurança. Que eu alcance mestria das três gloriosas consortes e atinja o caminho do Yoga da Reunião. Eu rezo aos meus salvadores, meu bondoso Lama e os herdeiros da linhagem sagrada. Abençoem-me para que isso se realize!*

O quinto dos Seis Vajra Yogas é conhecido como *Reunião*. Nesse estágio o praticante ganhou completo controle do movimento das essências sutis, o que permite que elas preencham completamente os seis chakras com a essência pura da grande bem-aventurança. Para poder alcançar a forma mais poderosa de concentração, todas as essências grosseiras e sutis devem ser reunidas na abertura inferior do canal central. Isso é alcançado por meio do trabalho com três tipos de consorte: consorte física, consorte visualizada e grande consorte da forma-de-vacuidade. Por meio das duas primeiras torna-se possível manifestar a terceira, que é a única consorte capaz de sustentar a imutável bem-aventurança que reside inalteravelmente no significado definitivo.

> *Que por meio do poder da Natureza Búdica todos os seis chakras do meu corpo sutil sejam preenchidos com a essência branca da grande e imutável bem-aventurança. Que eu experiencie a inabalável mente não-dualista e atinja o caminho do Yoga da Absorção. Eu rezo aos meus salvadores, meu bondoso Lama e os herdeiros da linhagem sagrada. Abençoem-me para que isso se realize!*

O estágio final dos Seis Vajra Yogas é a *Absorção Meditativa*. Tendo desenvolvido uma absorção estável no estado da suprema bem-aventurança imutável, o praticante progride ao longo dos doze estágios de absorção do Bodhisattva. No começo desse processo, o Caminho do Insight é alcançado, momento em que a inabalável mente não-dualista da sublime vacuidade é experienciada diretamente pela primeira vez com concentração unidirecional perfeita. Nesse ponto se atinge uma forma de Kalachakra aproximada, similar à forma real da deidade iluminada. Ao permanecer nesse estado de absorção, cada um dos seis chakras é preenchido de baixo para cima com a essência branca da grande bem-aventurança imutável. À medida que o processo se desenvolve, o praticante progride ao longo do Caminho da Habituação. No total, são experienciados 21.600 momentos de grande bem-aventurança imutável que purificam 21.600 impurezas, gradualmente dissolvendo os ventos internos e exaurindo os elementos do corpo material. Quando todos os obscurecimentos aflitivos e cognitivos são assim eliminados, o estado búdico é alcançado na forma coemergente da deidade Kalachakra plenamente realizada.

Que por meio do poder da Natureza Búdica meu corpo nunca se separe das posturas ióguicas, que minha mente nunca se separe das profundas instruções essenciais do infalível Dharma e que eu realize o caminho dos Seis Vajra Yogas. Eu rezo aos meus salvadores, meu bondoso Lama e os herdeiros da linhagem sagrada. Abençoem-me para que isso se realize!

Esse verso é uma prece de aspiração final para se realizar o caminho dos Seis Vajra Yogas. Você reza para que seu corpo nunca se separe das posturas ióguicas especiais e sua mente nunca se separe das instruções essenciais profundas conferidas a você por seu Lama. Nesse contexto, instruções essenciais são as orientações para as posturas e técnicas de meditação ióguica profundas, transmitidas oralmente pelo Lama, ao invés de escritas.

Dedicatória

Que por meio dessa virtude todos os seres abandonem as preocupações sem sentido do Samsara, que eles meditem no caminho supremamente significativo do Vajra Yoga e rapidamente desvelem a iluminação de Kalachakra!

Nós concluímos nossa prática de Kalachakra com uma prece de dedicação, desejando que todos os seres abandonem as preocupações sem sentido do Samsara e ao invés disso tirem o maior proveito da preciosa oportunidade que eles têm de atingir a iluminação. Especificamente, você deseja que eles se conectem com o caminho supremamente significativo do Vajra Yoga como apresentado nesse texto e tenham a habilidade de meditar nos Seis Vajra Yogas para assim rapidamente desvelar a iluminação de Kalachakra.

Que por meio dessa virtude eu rapidamente atinja os Seis Vajra Yogas e conduza todos os seres sem exceção ao estado iluminado de Kalachakra!

Essa segunda parte da dedicação enfatiza seu desejo pessoal de atingir os Seis Vajra Yogas, não apenas para seu próprio benefício, mas para conduzir todos os seres, sem exceção, ao estado iluminado de Kalachakra. Esse é também um lembrete de que os Seis Vajra Yogas são uma prática Mahayana, através da qual você toma responsabilidade pessoal de conduzir todos os seres à iluminação. Essa intenção é o que determina o resultado de sua prática.

Que por meio dessa virtude todos os seres completem a acumulação de mérito e sabedoria primordial e assim atinjam os dois Buddha-kayas!

Finalmente, você dedica a virtude para que todos os seres completem a acumulação de mérito e sabedoria primordial, que são a causa para se atingir o Dharmakaya, o Corpo da Realidade da Iluminação, e o Rupakaya, os Corpos de Forma da Iluminação. Os Corpos de Forma são aquilo que se manifesta espontaneamente para realizar o benefício dos outros e, nesse caso, eles emergem na forma da deidade Kalachakra.

QUARTA PARTE

Dois Guru Yogas Adicionais

— *Kunkyen Dolpopa Sherab Gyaltsen* —
O Rei do Dharma da Gloriosa Tradição Jonang

CAPÍTULO ONZE

Guru Yoga de Dolpopa

Chuva de Bênçãos para os Seis Yogas da Linhagem Vajra

Na Tradição Jonang existem três práticas de Guru Yoga separadas que são usadas no contexto de um retiro de três anos tradicional: o Guru Yoga de Base (descrito anteriormente nesse texto), o Guru Yoga de Dolpopa e o Guru Yoga de Taranatha. Essas três práticas oferecem um método poderoso de conexão com a linhagem sagrada, uma vez que Dolpopa e Taranatha são considerados como as duas figuras mais influentes e extraordinárias na Tradição Jonang-Shambhala de Kalachakra.

Durante tal retiro, a prática de Guru Yoga é realizada por um máximo de três semanas. Na primeira semana o Guru Yoga de Dolpopa é recitado, na segunda semana o Guru Yoga de Taranatha é praticado e, na terceira semana, o Guru Yoga de Base. Essas práticas profundas não são apenas preliminares. Elas também desempenham um papel significativo na prática dos Seis Vajra Yogas. Após completar a prática de Guru Yoga como uma preliminar, é habitual recitar um Guru Yoga para cada sessão, no curso das quatro sessões diárias. Primeiro nós recitamos o Guru Yoga de Dolpopa, seguido pelo Guru Yoga de Taranatha e terminando com o Guru Yoga de Base. Quando completamos todas os três, nós recomeçamos o ciclo.

A Prática de Guru Yoga de Dolpopa com Comentário

O Guru Yoga de Dolpopa leva o título de "Guru Yoga – Chuva de Bênçãos para os Seis Yogas da Linhagem Vajra". A prática pode ser considerada como uma chuva de bênçãos uma vez que as recitações e as preces são concebidas para nos levar além da mente ordinária ao invocarmos as bênçãos de Dolpopa e dos outros mestres da linhagem. Isso abre a porta para a realização tântrica ao nos dar a habilidade de praticar de forma autêntica os Seis Vajra Yogas como transmitidas por essa linhagem. Os princípios básicos e a estrutura dessa prática são os mesmos do Guru Yoga de Base descrito anteriormente nesse comentário.

Visualização

> *Kunkyen Dolpopa aparece na sua frente na forma de Vajradhara azul rodeado pelo campo de mérito completo. Olhando em sua direção, seu olhar é repleto de grande amor.*

Nessa prática, nós visualizamos o campo de mérito duas vezes. Primeiro nós estabelecemos ele como uma base para tomar refúgio e gerar Bodhicitta e então nós o geramos como a base para nossa prática de Guru Yoga. Imagine que o campo de mérito inteiro se manifesta instantaneamente no espaço à sua frente. Kunkyen Dolpopa está sentado em um trono de leões no centro, inseparável de Vajradhara. Uma vez que você tenha estabelecido a visualização, continue tomando refúgio:

NAMA SHRI KALACHAKRAYA

> *Eu tomo refúgio com vívida fé no Lama, no Yidam e nas Três Joias. (Repita essa linha três vezes.)*

"*Nama*" é uma expressão de homenagem e "*shri*" significa glorioso. "*Tomar refúgio com vívida fé*" quer dizer que nossa mente é clara e cheia de alegria, gratidão e inspiração. Essa fé também deveria ser ardente e convicta, com confiança completa no Lama, no Yidam e nas Três Joias.

Que eu possa gerar amor, compaixão, alegria e equanimidade incomensuráveis para com todos os seres! Que eu pratique diligentemente o profundo caminho do Guru Yoga para o bem de todos os seres!

Você então desperta a aspiração altruísta de Bodhicitta, primeiro cultivando as quatro incomensuráveis – amor, compaixão, alegria e equanimidade – e aspirando atingir a completa iluminação para o bem dos seres. Você então fortalece sua determinação gerando a forma aplicada de Bodhicitta, rezando que você praticará o profundo caminho do Guru Yoga para o bem de todos os seres.

Que todas as aparências impuras e temporárias se dissolvam na vacuidade.

Nós dissolvemos todo o campo de mérito de volta na vacuidade como forma de nos lembrar de sua verdadeira natureza. Deixe que todas as aparências impuras e temporárias dissolvam-se no estado não-dual, tornando-se como um reflexo da lua em um lago.

Sentado em um trono acima de minha cabeça, sobre um assento de cinco camadas feito de um lótus, disco de lua e assim por diante, meu Lama-raiz aparece como o grande Vajradhara. Seu corpo é azul e tem uma face e dois braços.

Nós agora reconstruímos o campo de mérito, visualizando o Lama-raiz na forma de Vajradhara, com um corpo azul, uma face e dois braços. Ele está acima do topo da sua cabeça sentado em um trono, com um assento de cinco camadas que consiste de um lótus verde, disco branco de lua, disco vermelho de sol, disco preto de rahu e disco amarelo de kalagni. Cada uma dessas camadas tem significado espiritual: o lótus significa pureza, o disco de lua simboliza o estado de vigília, o disco de sol simboliza o estado de sonho, o disco de rahu simboliza o estado de sono profundo e o disco de kalagni simboliza o estado da sabedoria primordial. Juntos eles abarcam a totalidade da nossa experiência e a base sobre a qual nós podemos realizar a natureza última da realidade.

Embora nós sejamos instruídos a visualizar Vajradhara, nessa prática é mais comum visualizar seu Lama-raiz na forma de Dolpopa. Você pode, no entanto, escolher visualizar a forma de Vajradhara enquanto relembra as qualidades do onisciente Dolpopa. Uma vez que essa prática foi composta por Dolpopa, ela não faz menção de usar sua forma na visualização – essa instrução foi adicionada mais tarde para honrar a contribuição de Dolpopa à linhagem e se conectar com a sua presença espiritual.

> *Ele está sentado na posição de lótus completa. Ele está vestido com elegantes trajes de seda e seu corpo está adornado com joias preciosas e ornamentos de ossos. Ele segura um vajra e um sino cruzados na altura de seu coração.*

Mais detalhes são dados aqui a respeito da forma visualizada de Vajradhara, cuja natureza é inseparável de seu Lama-raiz e de Dolpopa. Ele está sentado sobre o trono em posição de lótus completa e usa vestes de seda, joias e ornamentos de ossos, os quais representam aspectos particulares da realidade iluminada. O vajra e o sino cruzados na altura do coração simbolizam a união de compaixão indestrutível e sabedoria.

> *Os quatro centros de seu corpo estão marcados com as quatro sílabas. Raios de luz emanam da sílaba HUM (ཧཱུྃ) em seu coração, invocando todos os Lamas raízes e da linhagem juntamente com todo o campo de refúgio.*
>
> *DZAH (ཛཿ) HUM (ཧཱུྃ) VAM (ཝྃ) HOH (ཧོཿ)*
> *Ele se torna inseparável deles.*

Na testa de Dolpopa aparece uma sílaba OM (ༀ), na garganta AH (ཨཱཿ), no coração HUM (ཧཱུྃ) e no umbigo HOH (ཧོཿ). Do HUM no coração, raios de luz se irradiam em todas as direções. Quando você diz a sílaba DZAH, essa *luz se torna empoderada por todos os Lamas-raiz e de linhagem. Quando a sílaba HUM é pronunciada, a luz se congrega na coroa de Vajradhara. Com VAM ela se dissolve em Vajradhara e com HOH ele se torna inseparável da presença iluminada dos Lamas. Lembre-se que Vajradhara, Dolpopa e todos os Lamas da linhagem, incluindo seu Lama-raiz mais precioso, são todos de uma natureza inseparável.*

Súplica ao Lama

Precioso Lama, eu presto homenagem ao seu corpo, fala e mente. Seu corpo é adornado com marcas e sinais imutáveis e perfeitos. Sua fala ininterrupta, como a de Brahma, permeia as dez direções. Você habita na mente inequívoca do grande selo.

Com esse verso você começa as preces de súplica ao Lama louvando as qualidades maravilhosas de seu corpo, fala e mente. As marcas e sinais imutáveis de seu corpo se referem às 32 marcas maiores e 80 sinais menores de um Buddha, enquanto a fala ininterrupta como a de Brahma se refere à fala bela e melodiosa dos deuses do reino da forma sutil. A mente inequívoca do grande selo se refere à qualidade imutável da mente iluminada, que é como o selo de um rei no sentido de que não pode ser alterada. O grande selo é também uma referência ao supremo Mahamudra: a realização direta do significado definitivo.

Eu me prostro a você que é a corporificação dos trinta e seis Tathagatas, desvelados quando os trinta e seis agregados são perfeitamente purificados através dos Seis Vajra Yogas tais como Recolhimento e assim por diante.

Esse verso é o começo de uma prática de oferenda de sete ramos na qual nós nos prostramos e prestamos homenagem ao Lama como a corporificação dos trinta e seis Tathagatas. No Tantra de Kalachakra existem seis famílias búdicas representando cada um dos *seis agregados*: (1) o agregado da forma é Vairochana, (2) o agregado da percepção é Amitabha, (3) o agregado da sensação é Ratnasambhava, (4) o agregado dos fatores composicionais é Amoghasiddhi, (5) o agregado da consciência é Akshobhya e (6) o agregado da sabedoria primordial é Vajrasattva.

Os seis Bodhisattvas representam as *seis faculdades dos sentidos*: (1) a faculdade do sentido do ouvido é Vajrapani, (2) a faculdade do sentido do nariz é Khagarba, (3) a faculdade do sentido do olho é Kshitigarba, (4) a faculdade do sentido da língua é Lokeshvara, (5) a faculdade do sentido do corpo é Sarvanivarana e (6) a faculdade do sentido da mente é Samantabhadra. Quando esses Bodhisattvas são combinados com os Buddhas, nós chegamos a um total de trinta e seis combinações. Por exemplo, no caso de Akshobhya nós temos Vajrapani-Akshobhya, Khagarba-Akshobhya, Kshitigarba-Akshobhya, Lokeshvara-Akshobhya, Sarvanivarana-Akshobhya, Samantabhadra-Akshobhya. Esses seis representam a purificação perfeita do agregado da consciência através das faculdades dos seis sentidos, de acordo com os métodos de meditação encontrados nos Seis Vajra Yogas. As outras cinco famílias búdicas devem ser compreendidas da mesma forma.

Eu ofereço com alegria e intenção pura um oceano inconcebível de oferendas de Samantabhadra, incluindo todas as virtudes de corpo, fala e mente reunidas durante os três tempos!

Isso se refere à segunda parte da oferenda de sete ramos, durante a qual você gera um número inconcebível de objetos de oferenda visualizados ao Lama e às Três Joias, com a intenção pura de desejar a liberação de todos os seres. Isso inclui não apenas objetos físicos, mas também virtudes de corpo, fala e mente reunidas no passado, presente e futuro.

Samantabhadra se refere ao Buddha primordial que habita na expansão ilimitada do Dharmakaya e "oferendas de Samantabhadra" é uma forma de descrever a natureza abrangente e ilimitada de suas oferendas. No sistema do Kalachakra nós podemos imaginar doze Dakinis de oferenda. Do coração de cada deusa emergem outras doze deusas de oferenda. Elas continuam a se multiplicar dessa forma com cada deusa emanando mais deusas até que elas se tornam ilimitadas em número.

GURU YOGA DE DOLPOPA

Eu abertamente confesso todas as minhas negatividades acumuladas através de corpo, fala e mente, e rezo para que elas sejam purificadas. Eu me regozijo em toda virtude!
Eu peço de todo o coração que você gire a roda do Dharma sem cessar!
Eu imploro que você permaneça para sempre no Samsara para o bem de todos os seres!

A oferenda de sete ramos continua enquanto você confessa todas as negatividades acumuladas por meio de ações prejudiciais de corpo, fala e mente, rezando para que elas sejam purificadas, com uma forte resolução de não repeti-las no futuro. Nós então multiplicamos nosso mérito nos alegrando nas nossas virtudes e nas de todos os seres sencientes. Mesmo que a compaixão do Lama seja infinita, ele somente ensinará se nós sinceramente solicitarmos que ele gire a roda do Dharma. Embora, na verdade, o Lama esteja além de vida e morte, nós ainda assim imploramos para que ele permaneça para sempre no Samsara, sem passar para o Parinirvana, pelo bem de todos os seres.

Eu rezo ao meu glorioso Lama. Sua natureza é inseparável dos quatro Buddha-kayas. Você é o chefe de todos os detentores vajra, tendo completado as três acumulações e atingido os doze caminhos. Por favor, me abençoe!

Como o Lama é a corporificação de todos os Buddhas, sua natureza é inseparável dos *quatro Buddha-kayas*: (1) o Corpo Essencial, Svabhavikakaya; (2) o Corpo da Verdade-sabedoria, Dharmakaya; (3) o Corpo de Deleite, Sambhogakaya e (4) o Corpo de Emanação, Nirmanakaya. Como ele é a corporificação de todos os mestres que transmitem os profundos ensinamentos tântricos, ele é o chefe de todos os detentores vajra. As três acumulações se referem à (1) generosidade, (2) grande concentração e (3) sabedoria, enquanto os doze caminhos se referem a estágios específicos da realização do Caminho Kalachakra, que correspondem à exaustão dos componentes materiais do corpo e suas energias nos seis chakras.

> *Eu rezo ao meu glorioso Lama. Você realizou completamente as cinco sabedorias e transformou completamente os oito objetos de concepção dualista ao permanecer por um único instante na consciência primordial não-dual. Por favor, me abençoe!*

As cinco sabedorias de um Buddha são desveladas quando os *cinco agregados* são purificados. Elas incluem: (1) a sabedoria do espaço oniabarcante, (2) a sabedoria semelhante ao espelho, (3) a sabedoria da equanimidade, (4) a sabedoria da discriminação e (5) a sabedoria que tudo realiza. Os oito objetos de concepção dualista são os objetos das oito formas de consciência: (1) cores e formatos, (2) sons, (3) odores, (4) sabores, (5) sensações táteis, (6) fenômenos mentais, (7) concepções aflitivas e (8) o substrato (alayavijnana). Quando purificados, eles são experimentados como os oito Bodhisattvas femininos. Tudo isso, no entanto, é purificado ao unir sua consciência com o glorioso Lama que habita em pura consciência primordial, não-dual.

> *Eu rezo ao meu glorioso Lama. Sua atividade iluminada é una com a atividade de todos os Lamas, liberando e amadurecendo discípulos afortunados através das doze realizações empoderadas dos Estágios de Geração e Completude. Por favor, me abençoe!*

Como o Lama corporifica todos os mestres, a atividade compassiva do Lama é una com a atividade de todos os Lamas e conduz à liberação e maturação espiritual de todos os seus discípulos afortunados. O escopo dessa atividade compassiva aumenta à medida que nos movemos através das doze realizações empoderadas dos processos de Geração e Completude. Essas doze realizações ocorrem durante a prática do sexto Vajra Yoga, conhecido como Absorção Meditativa, e correspondem à exaustão dos componentes materiais do corpo e suas energias nos seis chakras. Empoderamentos de incontáveis Buddhas são necessários para alcançar cada uma dessas realizações.

GURU YOGA DE DOLPOPA

Eu rezo ao meu glorioso Lama. Você é uno com todos os Yidams, seus agregados são as seis famílias búdicas, suas consciências são os oito Bodhisattvas, seus braços, pernas e assim por diante são a assembleia de deidades iradas. Por favor, me abençoe!

Nesse verso nós suplicamos ao Lama como a corporificação de todos os Yidams, as deidades iluminadas pacíficas e iradas que são a fonte de todas as realizações tântricas. As seis famílias búdicas (como mencionado anteriormente) são o aspecto puro dos seis agregados. Os oito Bodhisattvas são o aspecto puro das oito faculdades dos sentidos, enquanto a assembleia das deidades iradas são o aspecto puro dos *cinco poderes da ação*: (1) o poder da boca, (2) o poder do braço, (3) o poder da perna, (4) o poder do ânus, e (5) o poder supremo.

Eu rezo ao meu glorioso Lama. Você é uno com todos os Buddhas, sua natureza é o magnificente Corpo da Verdade, você levou as duas acumulações à perfeição e manifesta incalculáveis emanações para o benefício dos seres. Por favor, me abençoe!

Nós agora suplicamos ao Lama como a corporificação de todos os Buddhas. Sua natureza é inseparável do Dharmakaya, o magnificente Corpo da Verdade. Uma vez que ele levou as duas acumulações de sabedoria e mérito à perfeição, ele é capaz de manifestar incontáveis corpos de emanação para o benefício dos seres. Através da acumulação de sabedoria e mérito, dessa maneira ele revelou os *dois Buddha-kayas*: (1) o corpo da realidade da iluminação, Dharmakaya e (2) os corpos de forma infinitos, Rupakaya.

Eu rezo ao meu glorioso Lama. Você é uno com todos os Dharmas imaculados, você se manifesta como os ensinamentos e textos de significado definitivo, você nos conduz à profunda e indescritível verdade. Por favor, me abençoe!

Com esse verso nós consideramos o Lama como sendo uma corporificação de todos os Dharmas imaculados, que incluem os 84.000 ensinamentos do Buddha que servem como remédio para cada aflição mental concebível. Isso inclui os ensinamentos e textos de significado último, os quais se referem àqueles ensinamentos que são definitivos em sua interpretação, especialmente os ensinamentos do Terceiro Giro que descrevem a realidade inconcebível da Natureza Búdica e formam a base da imbatível Visão Zhentong de Dolpopa. Por meio das palavras e exposição desses ensinamentos e textos, nós somos conduzidos à experiência direta da profunda e inexprimível verdade, assim como um dedo pode apontar para a lua muito embora não seja a própria lua.

Eu rezo ao meu glorioso Lama. Você é uno com todos os grandes senhores da Arya Sangha que residem nos dez níveis de Bodhisattva, tendo atingido completa liberação e realização; você é o imaculado amigo virtuoso, um refúgio para todos os seres. Por favor, me abençoe!

Nós agora suplicamos ao Lama como corporificação dos grandes senhores da Arya Sangha, os amigos virtuosos imaculados que nos auxiliam em nosso caminho espiritual. Esses são seres nobres que progrediram irreversivelmente rumo ao Estado Búdico pelo poder de seu mérito e sabedoria e entraram no caminho do insight, onde a verdadeira natureza vazia da realidade é vista diretamente. Essa jornada acontece nos dez estágios conhecidos como os dez níveis de Bodhisattva, durante os quais obscurecimentos cada vez mais sutis são superados e qualidades tais como generosidade e paciência são levadas à perfeição. Liberação completa e realização se referem à liberdade do renascimento no Samsara, que é alcançada no caminho do insight, ao atingir a visão de Bodhisattva da vacuidade.

Eu rezo ao meu glorioso Lama. Você é uno com todos os protetores do Dharma que eliminam todos os inimigos e obstáculos pelo poder de sua compaixão não-dual. Por favor, me abençoe!

Aqui nós consideramos o Lama como a corporificação de todos os protetores do Dharma que eliminam todos os inimigos e obstáculos. Tratam-se de seres iluminados ou mundanos que assumem uma forma irada. Sua função é proteger os ensinamentos do Buddha de serem diluídos ou distorcidos e ajudar praticantes genuínos a vencer inimigos, bem como obstáculos internos e externos. Obstáculos externos incluem má saúde ou outras circunstâncias que impedem a prática, enquanto visões distorcidas e atração por atividades distrativas são considerados obstáculos internos. Compaixão não-dual se refere ao tipo de compaixão que é simultaneamente consciente da natureza ilusória de todos os fenômenos e, portanto, não é presa por expectativas ou apego.

Eu rezo ao meu glorioso Lama. Você é a origem de todos os siddhis, conferidor tanto de realizações comuns quanto supremas, uma vez que você alcançou mestria nas ações de pacificar, expandir, controlar e subjugar. Por favor, me abençoe!

Nós agora suplicamos ao Lama como a origem de todos os siddhis, pois é seguindo suas instruções que nós somos capazes de atingir as realizações comuns e supremas. Realizações comuns se referem às habilidades sobrenaturais, tais como clarividência e poderes miraculosos, enquanto realizações supremas estão relacionadas com atingir as qualidades iluminadas. Os quatro poderes sublimes de um Buddha são: (1) pacificar, (2) expandir, (3) controlar e (4) subjugar. Esses são os meios pelos quais um Buddha espontaneamente se engaja em atividades que trazem benefícios ilimitados aos seres. Como um praticante do Vajrayana, você está se treinando para ver que tudo o que o Lama faz ou diz é uma expressão desses quatro poderes, à medida que você aprende a percebê-lo como um Buddha vivo.

Eu rezo ao meu glorioso Lama. Você dissipa toda a escuridão enquanto remove as visões errôneas por meio da composição, debate e explicação dos sutras, tantras, tratados e instruções essenciais. Por favor, me abençoe!

Nós agora suplicamos ao Lama no aspecto do professor do Dharma perfeito que dissipa a escuridão da ignorância e das visões errôneas. Ele o faz compondo textos, engajando-se em debate para vencer visões errôneas, explicando as palavras do Buddha como apresentadas nos sutras e tantras com referência aos tratados ou comentários autênticos, e, finalmente, transmitindo instruções essenciais ou conselhos do coração, que são instruções orais chaves transmitidas por meio da linhagem.

Ao beber do néctar de sua preciosa instrução do Dharma sobre o significado profundo, que desse dia em diante eu siga o Lama como uma sombra. Que meu glorioso Lama me abençoe para que isso se realize!

Esse verso é uma afirmação do nosso compromisso resoluto de seguir as preciosas instruções do Dharma do Lama, que levam à profunda verdade da vacuidade. Como esse Dharma é tão precioso, nós também nos comprometemos a fazer oferendas e servir o Lama, seguindo-o como uma sombra. Ao fortalecer nossa conexão com o Lama dessa forma, nós podemos acumular mérito, nos colocando em uma melhor posição para compreender o significado profundo de seus ensinamentos.

Sem consideração por comida, ro upa e luxos, tendo abandonado meios de vida errôneos e impuros, que eu possa provar do néctar do Dharma com a ponta da minha língua. Que meu glorioso Lama me abençoe para que isso se realize!

Nós agora nos comprometemos a desenvolver uma mente genuína de renúncia ao nos comprometermos a praticar o Dharma sem consideração por comida, roupas e luxos. Esse compromisso é apoiado pelo abandono dos meios de vida errôneos e impuros que incluem qualquer atividade que envolva prejudicar a vida, mentir, roubar, trapacear ou outras formas de conduta imoral.

Desse dia em diante que eu permaneça em um lugar isolado, meditando unifocadamente sobre o significado profundo, de modo que eu alcance o grande selo da liberação nesta mesma vida. Que meu glorioso Lama me abençoe para que isso se realize!

Tendo estabelecido a mente da renúncia, nós agora nos comprometemos a simplificar nossa vida e nos contentar com viver em um lugar isolado onde as condições sejam propícias ao desenvolvimento de concentração unidirecional por meio da meditação intensiva no significado profundo do Dharma. Com esse tipo de dedicação nós podemos almejar atingir o grande selo da liberação, ou o resultado final do Estado Búdico, em uma única vida.

Que eu possa ver as quatro sílabas nos chakras do corpo do Lama como os quatro Buddha-kayas.
Que eu possa receber os quatro empoderamentos ao focá-las.
Que meu glorioso Lama me abençoe para que isso se realize!

Esse verso é uma prece de aspiração para receber os quatro empoderamentos do Lama. Esses quatro empoderamentos são recebidos quando você foca as quatro sílabas localizadas nos quatro chakras principais do corpo do Lama: a fronte, a garganta, o coração e o umbigo. Com cada um desses empoderamentos você está despertando os quatro Buddha-kayas em seu próprio fluxo mental: o Nirmanakaya, o Sambhogakaya, o Dharmakaya e o Svabhavikakaya.

Recebendo os Quatro Empoderamentos

Do OM (ॐ) na fronte do meu Lama, um OM (ॐ) branco se irradia e se dissolve no meu próprio chakra da fronte. Que através desse poder eu possa receber o Empoderamento do Vaso. Que meu glorioso Lama me abençoe para que isso se realize!

Como no Guru Yoga de Base, nós agora recebemos Os Quatro Empoderamentos. Isso começa com o Empoderamento do Vaso, que acontece enquanto o OM que você visualiza na testa do Lama emana uma luz branca ofuscante e se dissolve em seu próprio chakra frontal.

Que por meio desse poder eu possa purificar os obscurecimentos do corpo e do estado de vigília, experienciar as Quatro Alegrias e revelar o Corpo de Emanação Vajra. Que meu glorioso Lama me abençoe para que isso se realize!

Esse empoderamento do vaso purifica os obscurecimentos de seu corpo que foram acumulados por meio de ações negativas tais como roubar e assim por diante, bem como os obscurecimentos do estado de vigília, durante o qual o chakra frontal está mais ativo. As Quatro Alegrias são experienciadas quando os fluídos corporais grosseiros são refinados e se tornam cada vez mais sutis em cada um dos quatro chakras principais. Esse processo também destrói a negatividade ou obscurecimentos que formam "nós" em torno desses chakras. Adicionalmente, esse empoderamento introduz você ao indestrutível Corpo Vajra de Emanação, ou o aspecto Nirmanakaya de sua Natureza Búdica.

Do AH (ཨཱཿ) na garganta do meu Lama, um AH (ཨཱཿ) vermelho se irradia e se dissolve no meu próprio chakra da garganta. Que através desse poder eu possa receber o empoderamento secreto. Que meu glorioso Lama me abençoe para que isso se realize!

Em seguida você recebe o empoderamento secreto enquanto raios brilhantes de luz fluem da sílaba AH na garganta do Lama e se dissolvem em seu próprio chakra da garganta.

Que por meio desse poder eu possa purificar os obscurecimentos da fala e do estado de sonho, experienciar As Quatro Alegrias Excelentes e revelar o Corpo de Deleite da Fala Vajra. Que meu glorioso Lama me abençoe para que isso se realize!

Esse empoderamento purifica os obscurecimentos da fala conectados com mentiras, palavras agressivas e assim por diante. Ele também purifica os obscurecimentos do estado de sonho, que está associado com o chakra da garganta e determina nossa habilidade de nos engajarmos em práticas tais como o Yoga dos Sonhos. As Quatro Alegrias Excelentes são experienciadas quando os fluidos sutis ou essências são refinados ainda mais e você é introduzido(a) ao Corpo de Deleite da Fala Vajra, que é o aspecto Sambhogakaya da sua Natureza Búdica.

Do HUM (ཧཱུྃ) no coração do meu Lama, um HUM (ཧཱུྃ) preto se irradia e se dissolve no meu chakra do coração. Que através desse poder eu possa receber o Empoderamento da Sabedoria Primordial. Que meu glorioso Lama me abençoe para que isso se realize!

Agora você recebe a iniciação da sabedoria primordial enquanto raios brilhantes de luz negra fluem da sílaba HUM no coração do Lama e se dissolvem em seu próprio chakra cardíaco.

Que por meio desse poder eu possa purificar os obscurecimentos da mente e do estado de sono profundo, experienciar as Quatro Alegrias Supremas e desvelar o Corpo Dharmakaya da Mente Vajra. Que meu glorioso Lama me abençoe para que isso se realize!

Esse empoderamento purifica os obscurecimentos da mente conectados com luxúria, visões errôneas e assim por diante e também purifica os obscurecimentos do estado de sono profundo, que é associado com o chakra do coração. As Quatro Alegrias Supremas são experienciadas com um refinamento ainda mais sutil das essências que acontece nos quatro chakras. Dessa forma você é introduzido(a) ao corpo Dharmakaya da Mente Vajra, que é o aspecto não-nascido do Dharmakaya de sua Natureza Búdica.

Do HOH (ཧོཿ) no umbigo de meu Lama, um HOH (ཧོཿ) amarelo se irradia e se dissolve em meu chakra do umbigo. Que através desse poder eu possa receber o Sagrado Quarto Empoderamento. Que meu glorioso Lama me abençoe para que isso se realize!

Finalmente você recebe o sagrado quarto empoderamento enquanto raios cintilantes de luz amarela fluem da sílaba HOH no umbigo do Lama e se dissolvem em seu chakra do umbigo.

Que por meio desse poder eu possa purificar as propensões de apego, experienciar as Quatro Alegrias Inatas e desvelar a Sabedoria Vajra Primordial da vacuidade bem-aventurada. Que meu glorioso Lama me abençoe para que isso se realize!

Esse empoderamento purifica as propensões mais sutis de apego que estão armazenadas na consciência de base e subjazem a todas as outras tendências negativas de corpo, fala e mente. As Quatro Alegrias Inatas são experienciadas com o refinamento mais sutil das essências e você é introduzido(a) à Sabedoria Vajra Primordial da vacuidade bem-aventurada, que é o aspecto Svabhavikakaya da sua Natureza Búdica, representando a inseparabilidade de todos os três kayas.

Dissolução

O Lama no topo de minha cabeça se desfaz em luz e se dissolve em mim. Ele permanece no centro de um lótus de oito pétalas em meu coração. Que meu glorioso Lama me abençoe para que isso se realize!

Como no Guru Yoga de Base, você termina a prática dissolvendo a visualização e reconhecendo que o Lama supremo é nada mais que sua própria mente. Para isso você observa o Lama no topo de sua cabeça se dissolver em luz e viajar através do seu canal central para o centro de um lótus de oito pétalas em seu coração. Você deve simplesmente observar a inseparabilidade do Lama e de sua própria mente. Permaneça nesse estado natural pelo tempo que você conseguir. Quando a mente começar a se agitar novamente, você pode continuar fazendo preces e súplicas.
Nós completamos a prática com a prece de nunca nos separarmos do Lama, tanto convencionalmente como nosso professor e, em última

instância, como nossa natureza. Nós rezamos para nunca nos separarmos de nossa prática do precioso Dharma de modo que possamos continuar nossa jornada rumo à iluminação, atravessemos os dez Bhumis de Bodhisattva, estabeleçamos os cinco caminhos e finalmente alcancemos o estado completamente iluminado de Vajradhara.

Dedicação

Que por meio dessa prática todos os seres possam purificar todas as suas máculas e obstáculos e rapidamente alcançar a essência do Tathagata.

Nós concluímos dedicando o mérito para o benefício último dos outros. Nesse caso, nós rezamos para que todos os seres purifiquem todas as suas máculas e obstáculos que os impedem de reconhecer a realidade de sua Natureza Búdica. Nós também rezamos para que eles rapidamente alcancem a essência do Tathagata, em cujo ponto a base de nosso verdadeiro ser, o Tathagatagarbha, é completamente desvelado.

Que eu não deixe surgir, nem mesmo por um instante, visões errôneas a respeito das aparências liberadoras do glorioso Lama. Com uma devoção que vê tudo que ele faz como excelente, que as bênçãos do Lama adentrem minha mente.

Nessa aspiração, nós rezamos para nunca perder de vista o fato de que todas as aparências que nós experienciamos são meramente expressões da consciência primordial do glorioso Lama. É através da realização da natureza dessas aparências que nós alcançamos a liberação. Com essa compreensão, nós nos esforçamos para praticar a percepção pura que vê todas as ações do Lama como oportunidades para desenvolver realizações.

Que em vidas futuras eu nunca me separe de meu glorioso Lama. Que eu nunca me separe da alegria de praticar o precioso Dharma. Que eu realize todos os Bhumis e caminhos iluminados e rapidamente atinja o estado de Vajradhara.

Nós completamos a prática com a prece de nunca nos separarmos do Lama, tanto convencionalmente como nosso professor e, em última instância, como nossa natureza. Nós rezamos para nunca nos separarmos de nossa prática do precioso Dharma de modo que possamos continuar nossa jornada rumo à iluminação, atravessemos os dez Bhumis de Bodhisattva, estabeleçamos os cinco caminhos e finalmente alcancemos o estado completamente iluminado de Vajradhara.

— *Jetsun Taranatha Drolway Gonpo* —
O Grande Mestre Rimê que preservou a pureza da Tradição Jonang

CAPÍTULO DOZE

Taranatha Guru Yoga
A Âncora para Coletar Siddhis

O Guru Yoga de Taranatha é a terceira das três práticas de Guru Yoga na Tradição Jonang, e é a mais curta das três práticas. Ela é chamada de "*A Âncora para Coletar Siddhis*" uma vez que ela é uma prática raiz ou fundamental (uma "âncora") para se alcançar realização espiritual. O termo "siddhis" se refere tanto às realizações espirituais ordinárias, tais como clarividência ou poderes miraculosos, como à suprema realização da iluminação. Nós podemos apenas extirpar nossas aflições mentais com a realização iluminada e é por isso que ela é considerada suprema.

Como Taranatha foi uma figura extraordinária na linhagem Jonang de Kalachakra, esse Guru Yoga nos dá a oportunidade de nos conectarmos com sua presença espiritual e assim criar uma conexão com todos os seres iluminados. Nos monastérios Jonang de hoje, esse Guru Yoga é realizado na segunda semana de uma prática intensiva de Guru Yoga de três semanas. Nós devemos sempre lembrar que o Guru Yoga é uma prática fundamental que nos permite desenvolver nossa conexão não apenas com a linhagem, mas especialmente com o próprio coração essencial da prática tântrica – nossa Natureza Búdica primordialmente presente. É essa realização que nos permitirá tornar nossa prática dos Seis Vajra Yogas numa causa efetiva para se alcançar a iluminação.

TESOURO OCULTO

A Prática de Guru Yoga de Taranatha com Comentário

A estrutura e princípios básicos dessa prática são os mesmos do Guru Yoga de Base descrito anteriormente. O que é mais importante lembrar é que em última instância o Lama é o aspecto de sabedoria de sua própria mente e o ato de rezar e suplicar ao Lama externo é na verdade um meio hábil para ajudar você a presenciar essa sabedoria interior.

Visualização

> *Eu fervorosamente presto homenagem ao glorioso Lama. Todos os fenômenos são apenas aparências na mente. Minha própria mente é de uma natureza clara e vazia, além de palavras. Quaisquer que sejam as aparências, elas nunca estão separadas da autoconsciência sempre presente momento a momento.*

Esse Guru Yoga começa prestando homenagem ou fazendo prostrações ao glorioso Lama, que é a corporificação de todos os Buddhas e sua conexão pessoal com a iluminação. Nós então descrevemos a vacuidade da verdade relativa, afirmando como todos os fenômenos relativos são apenas aparências na mente. A verdade última de nossa Natureza Búdica, no entanto, não é vazia de si mesma, mas sim vazia e clara. Tudo o que nós percebemos é, portanto, uma exibição das projeções da mente e não a verdadeira natureza da mente.

OM SHUNYATA JÑANA VAJRA SVABHAVA ATMAKO HAM

Com esse mantra todos os fenômenos relativos se dissolvem no estado de vacuidade (SHUNYATA), surgindo como o reflexo da lua na água parada. Ao contrário dos mantras anteriores, esse mantra aponta mais do que para a vacuidade apenas, uma vez que ele coloca uma ênfase maior no aspecto "plenitude" – a realidade da Natureza Búdica como a base de nosso ser.

> *Minha mente em seu estado natural é o reino puro de Akanishta. No*

centro desse reino puro está um palácio radiante e nele meu glorioso Lama está sentado sobre um lótus e discos de sol e lua, que descansam sobre um trono sustentado por leões.

Após descansar a mente em seu estado natural por um momento, você começa visualizando um palácio radiante no centro de Akanishta, o reino puro do Corpo de Deleite, Sambhogakaya. O glorioso Lama-raiz está sentado no centro desse palácio sobre um trono sustentado por leões, flor de lótus, discos de sol e lua no céu à sua frente. Isso significa majestade, pureza, sabedoria e compaixão.

Meu glorioso Lama é radiante como uma montanha de ouro refletindo cem mil raios de sol. Ele está contente e sorri para mim.

O Lama tem aparência radiante e sorri para você, como se dissesse "muito bem". A forma do Lama não é especificada aqui, então você pode visualizá-lo como Vajradhara, ou na forma de Taranatha ou mesmo na forma física do seu Lama-raiz. De qualquer modo, a natureza dele é inseparável da presença espiritual de Taranatha e da natureza de seu próprio Lama-raiz.

Acima do meu Lama os mestres da linhagem aparecem miraculosamente, rodeados por Herukas tais como Vajravarahi e nuvens de Yidams.

Os mestres da linhagem Jonang-Shambhala aparecem acima do Lama, enquanto deidades Yidam pacíficas e iradas (também conhecidas como "herukas") rodeiam o Lama como uma grande nuvem.

Buddhas e Bodhisattvas das dez direções aparecem no espaço diante de mim e gloriosas emanações de Arhats ocupam o solo. Eles estão rodeados por Dakinis e protetores do Dharma oniscientes com seus séquitos, posicionados para obedecer cada instrução do Lama.

Nós agora estamos construindo a assembleia para incluir todos os Buddhas e Bodhisattvas das dez direções (as quatro direções cardeais e quatro direções intermediárias mais acima e abaixo). Nós também visualizamos emanações de Arhats, que consideramos como emanações reais dos Buddhas e Bodhisattvas. Rodeando eles estão Dakinis e protetores do Dharma cuja função é nos proteger de obstáculos internos e externos. Eles estão posicionados para obedecer cada instrução do Lama, uma vez que são emanações do Lama com um papel específico a ser desempenhado.

A assembleia inteira está em vibrante movimento como relâmpagos e nuvens de tempestade, preenchendo todo o espaço e as terras circundantes. Todos esses seres têm corpos radiantes; suas aparências variam de acordo com os seres a serem pacificados; eles expõem os ensinamentos Mahayana incessantemente e suas mentes permanecem na clara-luz da grande bem-aventurança enquanto eles realizam oceanos de atividades virtuosas.

Esse verso descreve a assembleia visualizada em termos gerais. Ao invés de ser plana, sólida ou fixa, a assembleia é radiante, em movimento vibrante e incrivelmente vasta, se estendendo para os recantos mais distantes do espaço. Enquanto suas mentes permanecem na clara-luz da grande bem-aventurança, que está além de todas as noções dualistas, eles incessantemente expõem os ensinamentos Mahayana pelo benefício de todos os seres e, sem esforço e espontaneamente, realizam oceanos de atividades virtuosas.

Tudo isso não é senão uma manifestação significativa do glorioso Lama, assim como todas as aparências do Samsara e Nirvana não são outra coisa que uma exibição miraculosa da sabedoria primordial do Lama.

A visualização inteira que você desenvolveu é na verdade uma manifestação do glorioso Lama, uma vez que o Lama é inseparável de sua própria Natureza Búdica e corporifica todos os mestres da linhagem, Yidams, Buddhas, Bodhisattvas, Arhats, Dakinis e protetores do Dharma. Dessa assembleia vasta e sublime, nós escolhemos focar o Lama uma vez que ele é nosso elo pessoal com a iluminação.

De acordo com a visão mais elevada do Budismo, todas as aparências do Samsara e do Nirvana são uma exibição miraculosa da sabedoria primordial do Lama, que não é outra coisa senão nossa própria Natureza Búdica. Num nível último, por exemplo, os cinco agregados são os cinco Buddhas masculinos e os cinco elementos são suas consortes, enquanto as seis faculdades dos sentidos são os seis Bodhisattvas masculinos e os seis objetos representam suas consortes.

Súplica ao Lama

Eu ofereço meu corpo, minhas posses, todas as virtudes dos três tempos e cada objeto de oferenda concebível de todas as terras puras das dez direções.

Tendo estabelecido a visualização tendo o Lama como seu objeto central de refúgio, você agora preenche sua mente com cada objeto concebível de oferenda, incluindo seu corpo (que você preza acima de qualquer coisa), suas posses e todas as ações virtuosas realizadas por você e pelos demais durante o passado, presente e futuro. Adicionalmente, você deve também visualizar os reinos búdicos puros das dez direções e oferecê-los do mesmo modo.

Eu ofereço tudo o que minha mente possa conceber com aspiração pura: todos os seres dos seis reinos incluindo adversários, amigos e parentes, se estendendo aos recantos mais remotos do espaço, junto com cada objeto digno de oferenda de todos os três reinos. Através da minha força de visualização e prece, eu manifesto todos esses incontáveis objetos de oferenda, inconcebíveis e magníficentes.

A prática de oferenda continua enquanto você traz à mente e manifesta incontáveis objetos de oferenda, magníficentes e inconcebíveis, tudo com a aspiração pura de se conectar com a sabedoria do Buddha e beneficiar os outros. Sua oferenda inclui todos os seres dos seis reinos: humanos e animais, assim como seres invisíveis tais como deuses, semideuses, espíritos famintos e seres infernais. Você também deve incluir seus entes queridos, amigos, parentes e adversários. Normalmente nas práticas de oferendas nós pensamos apenas em objetos agradáveis e atrativos, ainda assim, em realidade não há qualquer distinção entre agradável e desagradável, uma vez que tudo é meramente uma projeção da mente. Nós devemos, portanto, oferecer tudo sem preconceito ou julgamento, abrindo mão de todo nosso apego e aversão.

Todos esses tesouros de oferenda se manifestam da consciência primordial dos Buddhas, Bodhisattvas e Dakinis que aparecem nos três tempos e dez direções. Todas essas manifestações inumeráveis e inconcebíveis não são senão a exibição gloriosa da mente do Lama, inseparável de minha própria mente, a exibição não nascida do Dharmakaya.

Esse verso coloca a questão em relação à origem de todos esses objetos de oferendas. Em última instância, eles são todos manifestações da consciência primordial dos Buddhas e demais objetos de refúgio e, em particular, eles não são outra coisa que a exibição gloriosa da mente do Lama, que é inseparável de nossa própria mente. Desse modo, nós começamos concebendo a vasta exibição de objetos de oferenda como algo fora de nós mesmos e, em seguida, reconhecemos que tudo se trata de um reflexo de nossa própria Natureza Búdica, que é inseparável do Lama.

Precioso Lama, você corporifica todos os Buddhas.
Precioso Lama, você corporifica todo o Dharma.
Precioso Lama, você corporifica toda a Sangha.

Nós agora suplicamos ao Lama como a corporificação das *Três Joias Externas* – (1) o Buddha, (2) o Dharma e (3) a Sangha. Essas são as manifestações externas que atuam como suporte primário para a nossa prática espiritual. Cada uma delas é corporificada na forma física do Lama.

GURU YOGA DE TARANATHA

Supremo Rei do Dharma, você corporifica todos os Lamas. Você corporifica todos os Yidams, enquanto todas as Dakinis e protetores do Dharma se manifestam como seus séquitos. Eu rezo a você Vajradhara, por favor me abençoe e a todos aqueles que têm fé em você!

Nós agora rezamos ao Lama como a corporificação das *Três Joias Internas*: (1) Lama, (2) Yidam e (3) Dakinis. Nós rezamos ao Lama como o supremo Rei do Dharma, corporificando todos os Lamas que detêm a sagrada linhagem e ensinam o precioso Dharma. Esse mesmo Lama corporifica as deidades Yidam iluminadas, que são a raiz das realizações espirituais, as Dakinis, que são a raiz da atividade iluminada e uma fonte interna de proteção, assim como os protetores do Dharma que protegem de todos obstáculos ao progresso espiritual. Nós dizemos que eles se manifestam como os séquitos do Lama uma vez que eles são inseparáveis da natureza iluminada do Lama. Em um nível relativo eles são enviados para realizar as instruções do Lama como mensageiros de um rei. Finalmente nós rezamos ao Lama como Vajradhara, que é a natureza essencial do Guru iluminado e a fonte de todas as bênçãos.

Glorioso Lama, você é Vajradhara no reino puro do Corpo de Deleite. Você é o Heruka irado quando subjuga todos os males. Você é Shakyamuni para os seres com pura renúncia. Você é o grande sábio para os ascetas.

Assim como um cristal pode refletir muitas cores diferentes, a compaixão do glorioso Lama é refletida em incontáveis formas dependendo do mérito, capacidades e personalidades dos diferentes seres. Para aqueles com percepção pura, ele aparece como Vajradhara no reino puro do Corpo de Deleite. Para seres desordeiros e prejudiciais que necessitam ser domados, ele aparece como o irado Heruka, uma expressão iluminada da compaixão irada que é capaz de subjugar todos os males. Para aqueles com pura renúncia, tais como os grandes Arhats da época do Buddha, ele aparece na forma humana do Buddha Shakyamuni e, para aqueles que vivem como ascetas, ele aparece como um grande sábio que aponta o verdadeiro caminho do meio.

Para aqueles que seguem o caminho dos três veículos, você se manifesta como o Bodhisattva, o Pratyeka e o grande Shravaka. Você também aparece na forma de Brahma, Vishnu, Senhor Shiva e todos os outros sábios e santos.

O Buddha descreveu três tipos de caminhos adequados para diferentes tipos de aspirantes espirituais, que são referidos como os *três veículos*: (1) veículo do Bodhisattva, (2) veículo do Pratyeka e (3) veículo do Shravaka. O veículo do Bodhisattva é uma jornada ao longo de um vasto número de vidas que porta a aspiração de cumprir o voto de se tornar um Buddha onisciente de modo que possamos espontaneamente e sem esforço ajudar os seres a se libertar do sofrimento e atingir a iluminação eles mesmos. O veículo do Pratyeka ou "realizador solitário" é um caminho de desenvolvimento de profunda sabedoria por meio da própria análise, sem a necessidade de professores externos e resultando numa forma mais limitada da iluminação. O veículo do Shravaka ou "ouvinte" envolve ouvir e seguir os ensinamentos básicos do Buddha e alcançar a liberação individual do Samsara. Para os aspirantes em cada um desses caminhos, o Lama se manifesta como um mentor espiritual apropriado, quer seja um Bodhisattva, Pratyeka ou grande Shravaka.

A linha final deste verso é uma prova da profundidade da sabedoria de Taranatha e de sua perfeita perspectiva não sectária. Não apenas o Lama se manifesta como professores ou mentores budistas, mas também como professores, sábios e santos de outras tradições tais como Brahma, Vishnu e o Senhor Shiva da tradição hindu. Isso também inclui grandes sábios tais como Jesus Cristo ou o profeta Maomé. Como os seres têm uma variedade incontável de personalidades e estilos de aprendizado, faz sentido que o Buddha ensine uma variedade de sistemas religiosos para conduzir todos eles para mais perto da verdade.

Às vezes você aparece na posição de um rei, outras vezes como yogi ou asceta. Para outros você aparece como um puro monge com vestes simples. Eu rezo a você, aquele que realiza grandes e vastos feitos de acordo com as necessidades de cada ser. Assim como os pensamentos e aspirações de todos os seres são inconcebíveis, assim também é a vastidão e profundidade de seus ensinamentos.

Nesse verso nós continuamos a suplicar ao Lama como a suprema corporificação de tudo o que é benéfico no mundo. Ele aparece na posição de um rei que é hábil em assuntos mundanos, para poder trazer paz, justiça e valores espirituais para um grande número de pessoas. Ele também aparece como um yogi ou asceta para demonstrar o caminho da renúncia e disciplina aos aspirantes espirituais, e como um monge puro com vestes simples para demonstrar conduta moral perfeita e os benefícios de uma vida simples focada no bem dos outros. Portanto, nós rezamos ao Lama que realiza atos grandiosos e vastos de acordo com as necessidades de cada ser. Da mesma forma que os pensamentos e aspirações de todos os seres são inconcebíveis, assim também são os métodos do Lama de ensinar o Dharma.

Assim como arco-íris e nuvens aparecem no céu, surgindo, permanecendo e então se dissipando de volta no céu, você é o Dharmakaya, corpo da realidade da iluminação, livre de todos os extremos, realizando grandes feitos espontaneamente e sem esforço. Mesmo que você aja de forma a atender as necessidades dos seres, você permanece no estado expansivo de Dharmadhatu, cristalino, autoconsciente e não-dual.

Esses dois versos oferecem uma descrição poética da compaixão espontânea e sem esforço do Lama, que toma a forma de grandes atos realizados de modo a atender a necessidade de todos os seres. Essas atividades espontâneas são relacionadas a arco-íris e nuvens. Elas surgem e se dissipam espontaneamente na expansão vasta do céu, dependendo de inúmeras causas e condições, tais como a presença de umidade, o ângulo da luz do sol e assim por diante. Da mesma forma, os grandes feitos do Lama emergem da vasta expansão do Corpo da Verdade Dharmakaya – o estado claro, autoconsciente e não-dual da expansão do espaço básico da realidade (Dharmadhatu) – dependendo de causas e condições tais como o mérito e a aspiração dos diferentes seres.

Você está além de nascimento e morte, ir e vir, perto e distante. Eu rezo a você, corpo prístino da realidade da iluminação. Eu presto homenagem do fundo de meu coração com incessante devoção!

O corpo prístino da realidade da iluminação, o Dharmakaya do Lama, está completamente além de conceitos tais como nascimento e morte, ir e vir, perto e longe. A devoção incessante que nós despertamos para com o Lama do fundo de nossos corações não é outra coisa senão a devoção e confiança na realidade de nossa própria Natureza Búdica. Rezar ao Lama é, portanto, um método muito hábil de nos trazer mais para perto dessa verdade sagrada.

Eu tomo refúgio em você, corporificação de todas as fontes de refúgio. Eu ofereço incontáveis objetos virtuosos enquanto permaneço ciente de sua natureza vazia. Eu confesso e purifico todas as minhas negatividades mesmo que sua natureza seja vazia desde o princípio.

Com esse verso nós começamos uma prece de sete ramos. Primeiro nós prestamos homenagem ao Lama que é a corporificação de todas as fontes de refúgio. Nós então oferecemos incontáveis objetos virtuosos e confessamos e purificamos todas as nossas negatividades. Há um significado mais profundo, no entanto, uma vez que nós somos chamados a estar cientes da natureza vazia dos objetos de oferenda e de que, em última instância, não há nada a ser confessado uma vez que nossa natureza é primordialmente pura. Essas afirmações incrivelmente profundas nos ajudam a ver a prática à luz de seu significado definitivo, uma vez que nos lembra da natureza ilusória de todos os fenômenos.

Eu me regozijo com a virtude de todos os seres no Samsara e Nirvana. Que o som vazio de seus ensinamentos nunca cessem.

A prece de sete ramos continua enquanto nos regozijamos com a virtude de todos os seres e pedimos que o Lama nunca deixe de ensinar o precioso Dharma. Da perspectiva da verdade última, no entanto, mesmo as palavras do Lama não são nada mais que um som vazio, uma luminosidade de Dharmakaya não nascido que é percebido na forma de som.

O Dharmakaya, corpo da realidade da iluminação, está além de nascimento e morte. Que você gire a roda do precioso Dharma incessantemente. Que você permaneça para sempre pelo bem de todos os seres.

Com esse verso nós pedimos que o Lama gire incessantemente a roda do precioso Dharma de acordo com as necessidades dos seres sencientes e que ele permaneça para sempre pelo benefício de todos os seres, sem abandonar o Samsara.

Eu dedico todas as minhas virtudes de modo que minha mente possa se tornar inseparável da sua, oh sagrado Lama. Que todos os seres atinjam a iluminação suprema!

A prece de sete ramos termina aqui enquanto dedicamos todas as nossas virtudes para que a nossa mente possa se tornar inseparável da mente do sagrado Lama, significando que nós descobriremos a realidade sagrada de nossa própria Natureza Búdica ao reconhecer a natureza última do Lama. Nós também dedicamos essa prática com a aspiração de um Bodhisattva, desejando com grande compaixão que todos os seres se libertem do sofrimento e atinjam a suprema iluminação.

Glorioso Drolway Gonpo, libertador de todos os seres, por favor me abençoe com seu corpo, fala e mente. Conceda-me os quatro empoderamentos neste mesmo instante!

Nós agora suplicamos ao glorioso Drolway Gonpo, mais conhecido como Taranatha, que é o libertador de todos seres do incontrolável sofrimento da existência samsárica. Nós imploramos a ele que nos abençoe com seu corpo, fala e mente e nos conceda os quatro empoderamentos. Como o verso menciona Taranatha, autor dessa prática de Guru Yoga, ele deve ter sido adicionado por alguém depois do tempo de Taranatha.

Recebendo os Quatro Empoderamentos

Que meu corpo se transforme na inata bem-aventurança.
Que minha fala se transforme com o poder do mantra.
Que meu coração se transforme na sabedoria da clara-luz!
Lama perfeito, eu rezo a você para que me abençoe neste mesmo instante.

Quando nós recebemos os primeiros três dos Quatro Empoderamentos nosso corpo se transforma no Corpo Vajra da inata bem-aventurança, nossa fala se transforma na Fala Vajra que possui o poder do mantra, e nosso coração se transforma na Mente Vajra que é inseparável da sabedoria da clara-luz de nossa Natureza Búdica. Esse verso também implica um nível mais profundo de significado que está de acordo com as instruções essenciais do Tantra, especialmente a referência ao poder do mantra.

Raios de luz se irradiam da fronte, garganta, coração e umbigo do Lama e então se dissolvem em meus quatro chakras, concedendo-me os Quatro Empoderamentos do corpo, fala, mente e sabedoria primordial vajra!

Enquanto recita este verso, você começa a receber os Quatro Empoderamentos. Raios brilhantes de luz branca se irradiam da fronte do Lama, enquanto raios brilhantes de luz vermelha, negra e amarela se irradiam dos três outros centros – garganta, coração e umbigo respectivamente. Esses raios de luz se dissolvem em seus próprios quatro chakras enquanto você recebe os Empoderamentos de Corpo, Fala, Mente e Sabedoria Primordial Vajra. Com cada um desses Quatro Empoderamentos, impurezas específicas são purificadas e poderes espirituais particulares são atingidos. Você pode voltar às seções anteriores no livro para mais detalhes.

Que eu receba o Empoderamento do Vaso.
Que eu receba o Empoderamento Secreto.
Que eu receba o Empoderamento da União da Grande Bem-

aventurança e Sabedoria.
Que eu receba o Sagrado Quarto Empoderamento do grande selo além de conceitos!

Com esse verso você realmente recebe os Quatro Empoderamentos: o do Vaso, o Secreto, o da Sabedoria e o Sagrado Quarto Empoderamento. Cada um deles aponta para um aspecto particular de sua Natureza Búdica, como se dissesse "você tem isso!". O terceiro empoderamento é aqui literalmente traduzido como "O Empoderamento da União da Grande Bem-aventurança e Sabedoria Primordial". O Quarto Empoderamento é descrito como o grande selo além de conceitos uma vez que aponta diretamente para a realidade última de sua Natureza Búdica, que está completamente além de todas as noções duais que dão surgimento ao pensamento conceitual.

Dissolução

Grandioso Rei do Dharma, eu não confio em ninguém além de você. Você é meu único refúgio verdadeiro. Assim como a água que é derramada na água, que eu me dissolva em união inseparável contigo!

Por uma vez mais nós estamos anunciando a nossa completa confiança no Lama, a quem consideramos como um grande Rei do Dharma e nosso único objeto verdadeiro de refúgio, ou nosso único nobre libertador das dores do Samsara. O Lama então se dissolve em luz, tornando-se inseparavelmente uno com seu fluxo mental, assim como água derramada na água. Com mais experiência, no entanto, esse processo de dissolução se torna mais como um vaso se quebrando e o espaço dentro do vaso se fundindo com o espaço ao redor. Ao repetir esse exercício repetidamente e simplesmente observando a mente do Lama e sua mente se unindo, você pode desenvolver grande confiança na realidade de sua Natureza Búdica que tem estado com você o tempo todo.

> *Que o Lama se derreta na essência do néctar e preencha meus quatro chakras, concedendo a mim empoderamento.*

Enquanto o Lama se desfaz em luz e se dissolve em você, visualize a essência dele na forma de néctar branco radiante e bem-aventurado preenchendo seus chakras da fronte, garganta, coração e umbigo, assim purificando todas as impurezas e energias prejudiciais armazenadas em torno desses chakras. Alegria inconcebível é experimentada quando esses chakras são ativados e você é empoderado(a) uma vez mais com as bênçãos do corpo, fala, mente e sabedoria primordial do Lama.

> *Medite no Lama natural, o Dharmakaya, corpo da realidade da iluminação, inseparável de sua própria mente e permaneça nesse estado natural além de todos os conceitos.*

Uma vez mais você deve meditar na inseparabilidade do grandioso corpo da verdade do Lama e de sua própria mente. Nós chamamos isso de Lama natural, o estado iluminado natural e além de noções dualistas, o qual pode apenas ser realizado quando nossa fé e devoção nos leva além da mente dualista comum.

Dedicação

> *Que em todas as minhas vidas futuras eu possa nascer em uma excelente família, com uma mente clara, livre de orgulho, com grande compaixão e fé no Lama. Que eu possa manter meus compromissos com o Glorioso Lama.*

Nós completamos essa prática com versos de dedicação. Nesta prece, nós aspiramos nascer com todas as condições necessárias para progredir ao longo do caminho espiritual tão rápido quanto possível. Em particular, nós rezamos para sermos capazes de praticar os meios mais hábeis e profundos de devoção ao glorioso Lama, o que leva à acumulação de oceanos de mérito e sabedoria.

Que eu não deixe surgir, nem mesmo por um instante, visões errôneas a respeito das aparências liberadoras do glorioso Lama. Com uma devoção que vê tudo que ele faz como excelente, que as bênçãos do Lama adentrem minha mente.

Com essa próxima prece, nós estamos rezando para ficarmos livres de todos os obstáculos à nossa prática espiritual. Em particular, nós aspiramos nos libertar da visão ordinária que foca as faltas do Lama e nos impede de alcançar realizações. Nós rezamos para que ao invés disso nós possamos desenvolver percepção pura que reconhece a pureza subjacente a todas as suas ações, o que funciona como uma base para insight profundo.

Que em vidas futuras eu nunca me separe de meu glorioso Lama. Que eu nunca me separe da alegria de praticar o precioso Dharma. Que eu realize todos os Bhumis e caminhos iluminados e rapidamente atinja o estado de Vajradhara.

Novamente, nós concluimos a prática reconhecendo que o Lama é a base sobre a qual todos os obscurecimentos são removidos e todas as qualidades são desenvolvidas. Por essa razão nós rezamos para nunca nos separarmos dele, nem de seus preciosos ensinamentos que levam à alegria definitiva: a iluminação completa.

Esse é o Guru Yoga perfeito que habilita a alcançar o Estado Búdico em uma única vida. Não tenha dúvida. Composto por Jetsun Taranatha, aos 29 anos de idade.

Essa prática foi composta pelo grande erudito e siddha Jonang, Jetsun Taranatha, no início do século 17. Sua afirmação de conclusão nos lembra que essa prática de Guru Yoga é supremamente profunda, rara e preciosa, uma vez que molda uma conexão com a sagrada linhagem dos Seis Vajra Yogas. Essa é uma prática tão efetiva e poderosa que pode habilitar você a atingir o Estado Búdico onisciente em uma única vida, emulando muitos grandes praticantes do passado. Essa deve ser uma tremenda fonte de confiança e, portanto, você não deve duvidar dessa prática.

Conclusão

Aqui é dito que o Kalachakra é o Rei do Tantra. Ele é renomado tanto entre os sábios como entre os tolos na Terra das Montanhas de Neve, devido à bondade dos excelentes protetores do Tibete que concederam os Grandiosos Empoderamentos de Kalachakra várias vezes.

E, ainda assim, onde estão os estudantes maduros, com força e fé, que se engajam continuamente em prática genuína? É importante considerar como agora, mesmo na Terra das Neves, esse bom carma tem se tornado quase inexistente.

Devido à condição de estar envolto na distração com várias coisas, minha armadura de perseverança foi roubada pela preguiça. Mesmo que essa análise e compreensão não sejam uma explicação insuperável, você pode estar certo(a) de que ela guiará você no excelente caminho.

Por isso, nascido de minha virtuosa intenção, eu ofereço esse remédio de felicidade e bem-estar àqueles que são novos no caminho. Possa a verdade da originação interdependente dar surgimento à grande força e possam as Dakinis e protetores do Dharma nos proteger em todos os momentos.

A partir de agora, por meio do caminho do profundo significado definitivo – os Seis Yogas que cessam o movimento dos ventos nos canais sutis; a grande bem-aventurança da união com a Grande Consorte da forma-de-vacuidade – que possamos experienciar o êxtase das dezesseis alegrias.

Mesmo que outros seres sencientes e eu mesmo sejamos incapazes de

— *O Sublime Reino de Shambhala* —
Guardiões dos Ensinamentos de Kalachakra

CONCLUSÃO

revelar a essência do Dharma profundo e secreto, que possamos no futuro ser capazes de desfrutar do Dharma secreto e definitivo da Era Dourada sob a orientação da mandala do Impetuoso Kalki.

OM AH HUM HOH

Eu me prostro e tomo refúgio em todos aqueles que são dignos de louvor tais como os Reis Kalki do Dharma, a assembleia das deidades de sabedoria e suas 96 nobres emanações, que habitam na linhagem superior do Sublime Reino Tantrayana de Shambhala: rodeada por uma guirlanda de montanhas nevadas, como um lótus de oito pétalas, a cidade principal Kalapa está no topo do Monte Kailasha como uma manifestação divina; ao redor dela encontram-se bosques gloriosos e lagos de flores de lótus branco; no centro de uma floresta de sândalo jaz a mandala iluminada; nas pétalas exteriores, residindo separadamente, estão novecentas e sessenta milhões de cidades e assim por diante.

Pelo poder da sublime virtude criada por meio desse esforço, quando nossos corpos desta vida forem deixados de lado, que possamos renascer no séquito dos gloriosos Reis Kalki de Shambhala e alcançar a realização dos ensinamentos de Kalachakra.

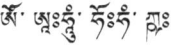

Apêndices

APÊNDICE UM

A Escada Divina: Preliminares e Prática Principal do Profundo Vajra Yoga de Kalachakra

de Jetsun Taranatha

PRIMEIRA PARTE: AS PRELIMINARES EXTERNAS E A INVOCAÇÃO DA LINHAGEM

I. As Quatro Convicções da Renúncia

Oh, reflita! Ao longo de incontáveis éons, enfim eu alcancei este precioso nascimento humano, que é tão difícil de conseguir e tão fácil de perder. A hora da morte é incerta e as condições que levam à morte estão além da minha compreensão; este precioso corpo pode morrer ainda hoje! Assim, eu devo abandonar todas as preocupações mundanas que me mantém atado(a) ao Samsara, incluindo todas as não virtudes e os pesados crimes hediondos. Ao invés disso, eu devo usar o pouco tempo que me resta de forma sábia e praticar o Dharma com urgência, refletindo nos benefícios da liberação.

(Comece fechando a narina esquerda usando o Mudra Pacificador e expire três vezes pela narina direita, então mude para a outra narina. Termine expirando três vezes por ambas as narinas. Visualize todas as aflições e negatividade saindo de seu corpo na forma de fumaça escura.)

II. Breve Invocação da Tradição Jonang de Kalachakra

(i) Visualização

Visualize seu Lama-raiz sentado sobre uma flor de lótus no centro do seu coração, elevando-se através do seu canal central até o topo de sua cabeça. O Lama tem uma aparência luminosa.

(ii) Invocação

Glorioso e precioso Lama-raiz, tendo tomado assento sobre o lótus de devoção no topo de minha cabeça, me abençoe com sua grande compaixão, tome conta de mim com sua grande bondade, e conceda-me os siddhis de seu corpo, fala e mente!

Eu rezo a você Dolpopa. Você é o onisciente Senhor do Dharma, aquele que compreende perfeitamente os três giros da roda do Dharma e as quatro classes de tantra. Por favor mostre o caminho inequívoco a todos os seres!

Eu rezo a você Kazhipa. Corporificação de todas as atividades dos Buddhas, você faz a preciosa joia do Dharma brilhar como o sol, demonstrando os quatro poderes sublimes.

Eu rezo a você Rinchen Drakpa. Você é adornado pelos ensinamentos do Dharma e por realizações profundas, e suas atividades são vastas e incomparáveis; quem quer que veja ou escute você, será certamente liberado!

Eu rezo a você Gyalwa Sengge. Ordenado no Dharma, sua devoção aos seus mestres é suprema, e suas ações são uma gloriosa demonstração de pureza, disciplina, sabedoria e compaixão.

APÊNDICE I — A ESCADA DIVINA

Eu rezo aos seus pés Kunga Nyingpo. Você é a fonte de tudo o que é bom, a corporificação de todos os Buddhas e refúgio único para todos os seres, um protetor do Samsara e do Nirvana.

Eu rezo a você Chalongwa, árvore do Dharma que realiza desejos. Sua fala floresce como flores e novos seguidores se deleitam em seus ensinamentos como abelhas no pólen.

Eu rezo a você Gawi Chöpel. Sua mestria da fala é ilimitada e sua aparência é perfeita. Você é a fonte de todas as qualidades supremas, uma vez que sua conduta moral é sublime e seu conhecimento é insuperável como um grande tesouro.

Eu rezo a você Trinle Namgyal. Sua sabedoria brilha como Manjushri, corporificação da sabedoria de incontáveis Buddhas. Você é um tesouro de compaixão, o poder de todos os iluminados.

Eu agora rezo a todos os meus preciosos professores e professoras que me concederam transmissões, iniciações e ensinamentos; quem quer que apenas se lembre de vocês será liberto de sofrimento, e quem quer que tenha devoção certamente alcançará a iluminação.

(Visualize seu Lama-raiz dissolvendo-se em luz e abençoando seu fluxo mental.)

(iii) Homenagem do Autor

OM GURU BUDDHA BODHISATTVA BHAYANA NAMO NAMAH
Eu presto homenagem ao Lama que generosamente concede a todos os seres a joia do Dharma que realiza desejos.

(Essa seção geralmente não é recitada.)

III. *Invocação Completa da Linhagem Jonang-Shambhala*

(i) Visualização

No espaço imediatamente à sua frente, no centro de uma manifestação de luz iridescente e no topo de um assento de cinco camadas formado por um lótus e discos de lua, sol, Rahu e Kalagni, visualize seu Lama-raiz no aspecto de Vajradhara azul sentado sobre um trono.

Seu Lama-raiz aparece como Vajradhara, seu corpo é azul, com uma face e dois braços, segurando um vajra e um sino cruzados na altura do coração. Ele está sentado com as pernas na posição de lótus completa, vestido com trajes de seda, adornado com preciosos ornamentos tais como uma coroa, brincos, colares, braceletes, pulseiras e tornozeleiras, e possuindo todas as marcas e sinais de um Buddha.

Ele está rodeado por todos os mestres da linhagem dos Seis Vajra Yogas, incluindo o imaculado Buddha Primordial, o Corpo de Deleite Kalachakra, o Corpo de Emanação Shakyamuni, os trinta e cinco Reis do Dharma de Shambhala, e todos os mestres de linhagem indianos e tibetanos. Seus corpos apresentam uma aparência radiante, esplêndida e agradável.

(ii) Invocação

Eu presto homenagem e rezo ao meu Lama-raiz. Eu rezo aos Lamas-raiz e da linhagem. Eu rezo à linhagem que realiza desejos.

Por favor me abençoem para que a transmissão da linhagem adentre em mim.
Que todas essas bênçãos adentrem meu coração!
Por favor me abençoem para que a escuridão em meu coração seja dissipada!

Eu rezo ao Lama.
Eu rezo ao senhor do Dharma.
Que todos os pais espirituais e seus filhos de coração me abençoem!

APÊNDICE I — A ESCADA DIVINA

Eu rezo ao Tathagatagarbha, a essência da base primordial.
Eu rezo ao profundo caminho vajra de Kalachakra.
Eu rezo ao Dharmakaya, corpo sem véu da realidade da iluminação, o resultado da cessação do Samsara.

Eu rezo ao sublime Buddha primordial.
Eu rezo ao Dharmakaya Vajradhara, o corpo da realidade da iluminação.
Eu rezo ao Sambhogakaya Kalachakra, o corpo de deleite.
Eu rezo ao Nirmanakaya Buddha Shakyamuni, o corpo de emanação.
Eu rezo aos trinta e cinco Reis do Dharma de Shambhala.

Eu rezo ao Drupchen Dushapa Chenpo.
Eu rezo ao Drupchen Dushapa Nyipa.
Eu rezo a Gyaltse Nalendrapa.
Eu rezo a Panchen Dawa Gonpo.

Eu rezo ao grande tradutor Droton Lotsawa.
Eu rezo ao Lama Lhaje Gompa.
Eu rezo ao Lama Droton Namseg.

Eu rezo ao Lama Drupchen Yumo.
Eu rezo a Seachok Dharmeshvara.
Eu rezo a Khipa Namkha Öser.
Eu rezo a Machig Tulku Jobum.

Eu rezo ao Lama Drubtop Sechen.
Eu rezo a Chöje Jamyang Sarma.
Eu rezo a Kunkyen Chöku Öser.

Eu rezo a Kunpang Thukje Tsondru.
Eu rezo a Jangsem Gyalwa Yeshe.
Eu rezo a Khetsun Yonten Gyatso.

Eu rezo a Kunkyen Dolpopa, emanação dos Buddhas dos três tempos.
Eu rezo a Chogyal Chokle Namgyal.
Eu rezo a Tsungmed Nyabon Kunga.

Eu rezo a Drupchen Kunga Lodrö.
Eu rezo a Jamyang Konchog Zangpo.
Eu rezo a Drenchog Namkha Tsenchan.
Eu rezo a Panchen Namkha Palzang.

Eu rezo a Lochen Ratnabhadra.
Eu rezo a Palden Kunga Drolchok.
Eu rezo a Kenchen Lungrig Gyatso.

Eu rezo a Kyabdak Drolway Gonpo.
Eu rezo a Ngonjang Rinchen Gyatso.
Eu rezo a Khidrup Lodrö Namgyal.
Eu rezo a Drupchen Ngawang Trinle.

Eu rezo a Ngawang Tenzin Namgyal.
Eu rezo a Ngawang Khetsun Dargye.
Eu rezo a Kunzang Trinle Namgyal.
Eu rezo a Nuden Lhundrub Gyatso.

Eu rezo a Konchog Jigme Namgyal.
Eu rezo a Ngawang Chöpel Gyatso.
Eu rezo a Ngawang Chökyi Pakpa.
Eu rezo a Ngawang Chöjor Gyatso.

Eu rezo a Ngawang Chözin Gyatso.
Eu rezo a Ngawang Tenpa Rabgye.
Eu rezo ao dissipador da escuridão, o precioso Lama Lobsang Trinley.
Eu rezo ao guerreiro do Dharma Khentrul Jamphel Lodrö.

Eu rezo ao meu Lama-raiz principal.
Eu rezo ao meu glorioso Lama.
Eu rezo aos senhores do Dharma.

Que todos os pais espirituais e seus filhos de coração me abençoem!
Quem quer que estime e tenha devoção incessante ao precioso Lama,
Constantemente faz súplicas e presta homenagem ao Lama ao longo da vida.
Que eu seja abençoado(a) com a sabedoria primordial do guerreiro compassivo.

Que em todas as minhas vidas futuras eu nunca me separe do meu glorioso Lama.
Que eu tenha grande alegria na minha prática do precioso Dharma.
Que eu realize todos os caminhos iluminados e rapidamente atinja o estado de Vajradhara!

(Tenha firme certeza de que os Lamas da sagrada linhagem dissolvem-se em luz e abençoam seu fluxo mental.)

Segunda Parte: As Preliminares Internas

I. Refúgio e Prostrações

(i) Visualização

Para tomar refúgio, que é o fundamento de toda prática do Dharma, primeiro vá para um lugar quieto ou isolado e deixe a mente repousar em seu estado natural, relaxada e focada. Visualize o espaço à sua frente como um reino puro ou iluminado, vasto e expansivo. No centro desse reino há um grande palácio feito de várias substâncias preciosas e adornado com joias e ornamentos maravilhosos. No centro do palácio encontra-se uma enorme árvore que realiza desejos, com vastos galhos drapeados e belas folhas, flores e frutos irradiando por todo o palácio. No topo dessa árvore encontra-se um magnífico trono sustentado por leões. Sobre o trono há um lótus multicolorido, com discos de sol, lua, rahu e kalagni. Seu Lama-raiz está sentado sobre o trono na forma de Vajradhara azul; ele segura um vajra e um sino cruzados na altura do coração. O Buddha Primordial está sentado no topo da coroa do Lama-raiz.

Em torno do seu Mestre-Vajra, nos galhos da árvore, estão todos os Lamas da linhagem, os trinta e cinco Reis do Dharma de Shambhala e as deidades Yidam do Yoga Tantra Superior, tais como Kalachakra. À volta deles estão as deidades Yidam das quatro classes de tantra. O Buddha Shakyamuni está sentado abaixo das deidades Yidam. Do lado direito dele, nos galhos da árvore, está a Arya Sangha Mahayana dos Oito Bodhisattvas, incluindo Maitreya, Manjushri e Avalokiteshvara. Do lado esquerdo dele está a Arya Sangha Hinayana de Shravakas e Pratyekas, tais como Shariputra. Na base dessa árvore encontra-se um oceano de Dakinis e protetores do Dharma dotados com o olho divino, que guardam os preciosos ensinamentos. Eles estão posicionados protegendo você. Atrás dos galhos, o sagrado Dharma aparece na forma de preciosos textos dourados.

Tenha a firme convicção de que tudo que você visualiza se manifesta realmente dessa forma. Ao mesmo tempo, seja resoluto em tomar refúgio em nome de todos os seres sencientes, com grande anseio e devoção ao Lama, às Três Joias e ao oceano de proteção espiritual. Assim, reze com forte compaixão e intenção resoluta de liberar todos os seres, desejando fervorosamente que eles encontrem proteção dos sofrimentos do Samsara.

(Enquanto você sustenta essa visualização da melhor forma possível, recite a prece longa de refúgio uma vez, e então repita a prece curta de refúgio três ou mais vezes enquanto realiza prostrações completas. Prostrações completas são necessárias apenas quando o refúgio for sua prática principal.)

(ii) Prece de Refúgio Longa

Em benefício de todos os seres-mães, ilimitados tal como o espaço, de

APÊNDICE I — A ESCADA DIVINA

agora em diante e até que eu alcance a essência da iluminação, eu tomo refúgio nos nobres senhores do Dharma, os gloriosos e puros Lamas-raiz e de linhagem, que corporificam corpo, fala, mente, qualidades e ações dos Buddhas dos três tempos e dez direções, e que são a fonte dos 84.000 Dharmas e da nobre Arya Sangha.

(iii) Prece de Refúgio Curta

Eu tomo refúgio nos senhores do Dharma, Lamas gloriosos.
Eu tomo refúgio na mandala iluminada dos Yidams.
Eu tomo refúgio nos Bhagavans, Buddhas perfeitos.
Eu tomo refúgio no imaculado Dharma sagrado.
Eu tomo refúgio na nobre Arya Sangha.
Eu tomo refúgio nas Dakinis e nos protetores do Dharma oniscientes.

(Recite três vezes, ou mais, se você estiver focando a prática de refúgio.[1])

Eu presto homenagem e tomo refúgio no Lama e nas Três Joias preciosas. Por favor abençoem meu fluxo mental! *(3x)*

(Quando o refúgio é sua prática principal, uma vez que a recitação e as prostrações sejam completadas, visualize os objetos do refúgio dissolvendo-se em luz no seu fluxo mental como água sendo derramada em água. Tenha firme certeza de que você se torna inseparável do campo de refúgio. Se a prática de refúgio não é a sua prática principal, continue a sustentar a visualização do refúgio.)

(iv) Dedicação

Que através da força dessa virtude eu possa completar a acumulação de mérito e sabedoria e assim atingir os dois Kayas da iluminação para o benefício de todos os seres.

II. Gerando a Mente da Iluminação

(i) Visualização

Enquanto visualiza o Campo de Refúgio à sua frente, do seu coração, gere grande Bodhicitta para liberar todos os seres sencientes em nome do Campo de Refúgio.

(ii) Bodhicitta de Aspiração

Pela liberação de todos os seres, eu alcançarei o completo Estado Búdico; Portanto, devo meditar no profundo caminho do Vajra Yoga.

(Repetir três ou mais vezes.)

(iii) Bodhicitta de Aplicação

Tendo gerado a mente da iluminação, agora expanda para incluir todos os seres sem exceção.

Que todos os seres encontrem a felicidade e as causas da felicidade.
Que todos os seres se libertem do sofrimento e das causas do sofrimento.
Que todos os seres nunca se separem da sublime bem-aventurança que é livre de sofrimento.
Que todos os seres permaneçam em grande equanimidade, livres de apego e aversão.

(Essa prece é repetida uma ou três vezes, ou mais se você estiver focando a prática de Bodhicitta.)

(iv) Tomando o Voto de Bodhisattva

Se você quiser renovar seus compromissos de Bodhisattva, recite o seguinte

APÊNDICE I — A ESCADA DIVINA

verso de "O Guia para o Modo de Vida do Bodhisattva" de Shantideva:

Assim como os Sugatas dos tempos passados,
Despertaram Bodhicitta e então, em estágios,
Treinaram a si mesmos nas práticas de meios hábeis,
Ao longo do genuíno caminho dos Bodhisattvas,

Tal como eles, eu tomo este voto sagrado:
Despertar Bodhicitta aqui e agora,
E treinar a mim mesmo(a) pelo bem dos demais,
Gradualmente, como cabe a um Bodhisattva.

(Repita três vezes, e então desenvolva a certeza de que você gerou o Voto de Bodhisattva.)

(v) Dedicação

Dissolva o Campo de Refúgio enquanto medita no significado profundo dos versos de Bodhicitta. Ao final da sessão dedique a virtude de sua prática empregando qualquer prece de dedicação de sua escolha.

III.Purificação de Vajrasattva

(i) Visualização

Primeiro recite:

OM SVABHAVA SHUDDHA SARVA DHARMA SVABHAVA SHUDDHO HAM
Todos os fenômenos, incluindo a própria pessoa, adentram no estado natural de vacuidade.

Do estado natural de vacuidade, sobre a minha cabeça, a sílaba PAM

(ཨ) surge e se transforma numa flor de lótus branca de oito pétalas. A sílaba AH (ཨཿ) surge sobre o lótus e se transforma num disco de lua cheia. Acima do disco lunar surge a sílaba HUM (ཧཱུྃ) que se transforma num vajra branco de cinco pontas com uma sílaba HUM (ཧཱུྃ) ao centro.

Esse HUM (ཧཱུྃ) irradia luz para todos os universos e faz inúmeras oferendas a todos os seres Arya. A luz então se irradia para todos os seres e purifica suas negatividades e obscurecimentos. Ela então retorna e se dissolve na sílaba HUM (ཧཱུྃ) e o vajra branco de cinco pontas por fim se dissolve completamente em luz.

A luz se transforma instantaneamente em Vajrasattva, com um corpo branco, uma face e dois braços, segurando um vajra em sua mão direita e um sino em sua esquerda. Ele abraça a sua consorte Vajratopa em Yab-Yum.

Vajratopa é branca e segura uma faca curva em sua mão direita e uma copa de crânio em sua esquerda. Ambos estão adornados com ornamentos de ossos e joias e encontram-se sentados com as pernas cruzadas na posição de vajra e lótus, respectivamente.

Na fronte do Yab-Yum a sílaba OM (ཨོཾ) surge; na garganta, AH (ཨཿ); no coração, HUM (ཧཱུྃ); e no umbigo, HOH (ཧོཿ). Do HUM (ཧཱུྃ) no coração do Yab-Yum, luz se irradia para as dez direções, e o poder de purificação de todos os Buddhas e Bodhisattvas se irradia de volta na forma de néctar branco.

DZAH (ཛཿ) HUM (ཧཱུྃ) VAM (ཝཾ) HOH (ཧོཿ)
O néctar torna-se agora inseparável de Vajrasattva Yab-Yum.

(ii) Pedido de Purificação

Vajrasattva Yab-Yum, por favor purifique e remova todas as negatividades, obscurecimentos e transgressões acumulados por mim e todos os seres desde um tempo sem princípio.

(iii) A Purificação Efetiva

Visualize néctar bem-aventurado fluindo da união de Vajrasattva Yab-Yum para o topo de sua cabeça, expelindo de seu corpo doenças e impurezas para o chão abaixo. À medida que o néctar limpa todas as negatividades, relembre os quatro poderes e recite o seguinte mantra:

OM SHRI VAJRA HERUKA SAMAYA MANUPALAYA | VAJRA HERUKA TENOPA | TISHTHA DRIDHO ME BHAVA | SUTOKAYO ME BHAVA | ANURAKTO ME BHAVA | SUPOKAYO ME BHAVA | SARVA SIDDHI MAME PRAYATSA | SARVA KARMA SU TSA ME | TSITAM SHREYAM KURU HUNG | HA HA HA HA HO | BHAGAVAN VAJRA HERUKA MAME MUNTSA | HERUKA BHAVA MAHA SAMAYA SATTVA AH HUM PHET

(Esse mantra é recitado uma, três, sete ou vinte e uma vezes, ou tanto quanto você possa, se você estiver focando essa prática. Conclua com a prece que segue.)

Grande protetor, devido à ignorância e falta de clareza eu quebrei meus samayas e os deixei declinar. Compassivo Lama Vajrasattva Yab-Yum, por favor purifique minhas negatividades e me proteja. Em você eu tomo refúgio, supremo detentor do vajra, tesouro da compaixão e libertador de todos os seres.

Eu confesso e me arrependo de todas as transgressões de corpo, fala e mente, incluindo todas as infrações de votos-raiz e ramos. Por favor purifique e limpe todas as máculas, negatividades, obscurecimentos e transgressões acumulados ao longo da existência cíclica sem princípio.

Como se a lua estivesse se dissolvendo em mim, Vajrasattva Yab-Yum me olha com um sorriso e começa a se dissolver com contentamento através do topo de minha cabeça. O corpo, fala e mente de Vajrasattva Yab-Yum tornam-se inseparáveis de meu corpo, fala e mente.

(iv) Dedicação

Que por meio dessa virtude eu rapidamente alcance o estado de Vajrasattva Yab-Yum e conduza todos os seres sem exceção à essa base de pureza. Que por meio dessa virtude todos os seres completem a acumulação de mérito e sabedoria primordial e assim atinjam os dois Kayas da iluminação.

IV. *Oferenda de Mandala*

(i) Visualização

No espaço imediatamente à sua frente, visualize seu Lama-raiz na forma de Vajradhara azul. Ele está rodeado pelas Três Joias, deidades Yidam e Dakinis. Eles surgem espontaneamente e com esplendor.

(ii) Invocando o Campo de Mérito

Você é o Lama precioso, cuja bondade conduz ao alvorecer da grande bem-aventurança num único instante. Eu me curvo aos seus pés de lótus, Lama Vajradhara.

Eu presto homenagem ao Lama por quem minha gratidão é incomparável. A luz de sua verdade iluminada dissipa minha escuridão. Você é o imaculado olho da sabedoria, o Lama que é como o sol da grande e

APÊNDICE I — A ESCADA DIVINA

imutável bem-aventurança.

Você é nossa mãe e nosso pai. Você é o mestre de todos os seres, um amigo nobre e verdadeiro. Você é o grande protetor que age pelo bem de todos os seres sencientes. Você é o grande libertador que elimina os obscurecimentos negativos. Você é aquele que se mantém em excelência, você é a única morada de todas as qualidades supremas, completamente livre de todas as falhas. Você é o protetor dos desamparados, o supremo vitorioso contra o autocentramento e o sofrimento; a fonte de toda riqueza, a joia que realiza desejos, o supremo e vitorioso Senhor do Dharma; em você eu tomo refúgio.

Em você eu tomo refúgio, imaculado e sagrado Lama-raiz, supremo e vitorioso Senhor do Dharma; Corporificação dos Buddhas dos três tempos.

(Esse verso é uma versão concisa dos três versos anteriores e pode ser usado sozinho.)

(iii) Oferenda de Mandala Média

OM VAJRA BHUMI AH HUM
A base é a pura e poderosa terra dourada.

OM VAJRA REKHE AH HUM
O universo está rodeado por uma cerca de montanhas de ferro e no centro está o Monte Meru, o rei das montanhas.

Ao leste está Purvavideha, ao sul Jambudvipa, ao norte Uttarakuru e a oeste Aparagodaniya. Rahu, Sol, Lua, Kalagni e no centro todas as riquezas maravilhosas de humanos e deuses, completas, sem que nada falte.

Toda essa fartura eu ofereço com grande devoção aos meus Lamas-raiz e de linhagem e à mandala de Yidams, Buddhas, Bodhisattvas, Pratyekas, Shravakas, Dakinis e protetores do Dharma oniscientes. Por compaixão aceitem essa mandala pelo bem de todos os seres e, tendo aceitado essa oferenda, por favor me abençoem!

Reunindo nessa preciosa mandala a virtude de corpo, fala e mente acumulada por mim e todos os seres durante os três tempos, juntamente com as excelentes oferendas de Samantabhadra; tudo isso, tanto concreto quanto visualizado, eu ofereço ao meu Lama e às Três Joias. Por favor aceitem isso com sua compaixão e me abençoem!

(iv) Oferenda de Mandala Concisa

Esta é uma forma alternativa e mais curta de oferenda de mandala, que pode ser usada para acumulações.

A terra está ungida com perfume e espargida com flores. Seu centro está adornado com o Monte Meru, rodeado pelos quatro continentes, o Sol e a Lua. Eu faço essa oferenda como um campo búdico para o deleite de todos os seres.

GURU IDAM RATNA MANDALA KAM NIRYA TAYAMI
(Ofereça a mandala recitando isso).

Ao completar a sessão de Mandala, visualize a Mandala e o Campo de Refúgio dissolvendo-se em luz no seu fluxo mental.

V. Guru Yoga de Base

(i) Visualização

Visualize-se em um palácio vasto e magnífico no centro de um reino puro. Seu Mestre-Vajra aparece na sua frente, no centro do palácio, como

APÊNDICE I — A ESCADA DIVINA

o Senhor Vajradhara. Ele está sentado sobre um lótus, com discos de sol, lua, rahu e kalagni* que repousam sobre um trono sustentado por leões.

Seu Mestre-Vajra tem um corpo azul, com uma face e dois braços, segurando um vajra e um sino cruzados na altura do coração. Suas pernas estão na posição de lótus completa. Adornado com vestes de seda e ornamentos de joias, com todas as marcas e sinais, seu corpo é radiante e luminoso. Ele sorri contente para você.

O Senhor Vajradhara está cercado pelas deidades das quatro classes de Tantra, todos os Lamas da linhagem e a assembleia inteira de deidades Yidam, Buddhas, Bodhisattvas, Shravakas, Pratyekas, Dakinis e protetores do Dharma. Tenha confiança de que todos eles estão realmente presentes.

Tendo visualizado o campo da assembleia, faça grandes oferendas, tanto concretas quanto visualizadas. Ao começar a praticar, tenha uma fé firme de que você possui Natureza Búdica e que ela pode ser revelada por meio de uma devoção sincera e inabalável ao seu imaculado Lama-raiz.

(*Embora os discos de rahu e kalagni não apareçam no texto original, eles foram incluídos aqui por uma questão de consistência e para exprimir instruções essenciais tradicionais.)

(ii) Preces aos Lamas da Linhagem

Lama-raiz gentil e precioso, tudo que é bom e virtuoso no Samsara e Nirvana surgiu de seu poder iluminado. Meu protetor, fonte que realiza desejos, eu rezo a você do fundo do meu coração.

Eu rezo ao corpo da verdade da grande bem-aventurança que a tudo permeia, o Buddha primordial Vajradhara que habita em Akanishta.
Eu rezo ao corpo de deleite, Kalachakra.
Eu rezo ao corpo de emanação, Buddha Shakyamuni, o mais elevado entre os Shakyas.
Eu rezo ao meu Lama que corporifica os quatro Buddha-kayas.

Eu rezo aos Reis do Dharma, tradutores e pânditas: os trinta e cinco Reis de Shambhala, emanações dos vitoriosos; os dois Kalachakrapadas, o mais velho e o mais jovem; e os dois eruditos insuperáveis, Nalendrapa e Somanatha.

Eu rezo aos três Lamas que atingiram siddhis supremos: protetor de todos os seres, Konchoksung; o grande e realizado meditador, Droton Namseg; o grande Mahasiddha Drupchen Yumo Chöki Rachen, grande proclamador do Dharma.

Eu rezo às três fontes maravilhosas de refúgio: Nirmanakaya Seachok Dharmeshvara, o grande filho; o impecável erudito do Dharma, Khipa Namkha Öser; o mestre de poderes mágicos e clarividência, Semochen.

Eu rezo aos três supremos libertadores: o dissipador da escuridão, Jamsar Sherab; o onisciente Kunkhyen Chöku Öser; aquele que aperfeiçoou a imutável bem-aventurança, Kunpang Thukje Tsondru.

Eu rezo aos três Lamas incomparáveis: o conquistador da grande sabedoria, Jangsem Gyalwa Yeshe; o oceano de grandes qualidades, Khetsun Zangpo; o Buddha Onisciente dos três tempos, Dolpopa.

Eu rezo às três raízes do vívido Dharma: o todo triunfante Chokle Namgyal; a fonte universal de alegria, Nyabonpa; o tesouro de conhecimento e compaixão, Kunga Lodrö.

Eu rezo aos três incríveis Lamas: corporificação das Três Joias, Trinle Zangpo; protetor do todo expansivo Dharma definitivo, Nyeton Damcho; grande mestre do sutra e tantra, Namkha Palzangpo.

Eu rezo aos três que realizaram benefício incomparável aos outros: o grande tradutor Ratnabhadra; fonte de alegria para todos os seres, Lama Kunga Drolchok; testemunha do verdadeiro significado não nascido,

APÊNDICE I — A ESCADA DIVINA

Lungrig Gyatso.

Eu rezo aos três que possuem bondade inigualável: o grande libertador Drolway Gonpo; o tesouro de vastas qualidades, Kunga Rinchen; a corporificação de todos os seres santos, Khidrup Namgyal.

Eu rezo aos três detentores do tesouro dos ensinamentos sagrados: o mestre da fala, Thugye Trinle; o vitorioso Tenzin Chogyur; o ornamento da prática do Dharma, Ngawang Chöjor.

Eu rezo aos três Lamas que realizam espontaneamente atividades sagradas: o ornamento da perfeita conduta, Trinle Namgyal; o grande tesouro e siddha do Dharma, Chökyi Peljor; o detentor de instruções essenciais perfeitas, Gyalwe Tsenchang.

Eu rezo aos três Lamas que liberam os seres por meio do som e da visão: a quintessência das Três Joias, Jigme Namgyal; a corporificação de todos os salvadores, Chöpel Gyatso; aquele que atingiu o corpo da união da iluminação, Chözin Gyatso.

Eu rezo aos três ornamentos do Dharma sagrado: o exponente do Dharma de Ouro, Tenpa Rabgye; incomparável sabedoria nas atividades sagradas, Lobsang Trinle; Jamphel Lodrö, que floresce na terra firme com a sabedoria de Manjushri.

(iii) Prece de Sete Ramos e Súplica

Eu me prostro com corpo, fala e mente a você, refúgio supremo, infalível e eterno. Eu ofereço nuvens ilimitadas de oferendas, tanto concretas quanto mentalmente geradas. Eu confesso todas as minhas negatividades e transgressões acumuladas desde um tempo sem princípio. Eu me regozijo em toda virtude no Samsara e Nirvana. Eu rezo para que você gire a roda do Dharma incessantemente. Eu imploro que você permaneça conosco sem passar para o Parinirvana. Que toda virtude seja dedicada de modo que eu e todos os outros possamos rapidamente atingir a suprema iluminação!

Essa prece de sete ramos foi composta por Vakindadharma.

Eu rezo ao meu precioso e glorioso Lama, senhor do Dharma e corporificação de todos os Buddhas.
Eu rezo ao meu precioso e glorioso Lama, senhor do Dharma que possui os quatro Buddha-kayas.
Eu rezo ao meu precioso e glorioso Lama, senhor do Dharma, meu incomparável refúgio supremo.
Eu rezo ao meu precioso e glorioso Lama, senhor do Dharma, meu incomparável libertador supremo.
Eu rezo ao meu precioso e glorioso Lama, senhor do Dharma, que ensina o supremo caminho da liberação.
Eu rezo ao meu precioso e glorioso Lama, senhor do Dharma, a fonte de todas as realizações sublimes.
Eu rezo ao meu precioso e glorioso Lama, senhor do Dharma, que dissipa a escuridão da ignorância.

Por favor me conceda empoderamento!
Por favor me abençoe com o poder de me engajar na prática com completa dedicação!

Que todos os obstáculos sejam removidos para que eu possa dedicar minha vida à prática!
Que eu experiencie a essência da prática!
Que minha prática alcance a perfeição última!
Que eu naturalmente emane amor, compaixão e Bodhicitta!
Que eu una concentração e insight perfeitos!
Que eu atinja a verdadeira experiência e realização suprema do Dharma!
Que eu leve à perfeição a prática do profundo caminho Vajra Yoga!
Que eu seja empoderado(a) com os siddhis do grande selo nesta mesma vida.

APÊNDICE I — A ESCADA DIVINA

(iv) Recebendo os Quatro Empoderamentos

Da sílaba OM (ཨོཾ) na fronte do meu Lama-raiz, o grande Vajradhara, luz branca flui e se dissolve no meu chakra da fronte, purificando negatividades e obscurecimentos do corpo. Que eu receba o empoderamento do vaso e seja abençoado(a) com o corpo iluminado!

Da sílaba AH (ཨཱཿ) na garganta do Lama, luz vermelha flui e se dissolve no meu chakra da garganta, purificando negatividades e obscurecimentos da fala. Que eu receba o empoderamento secreto e seja abençoado(a) com a fala iluminada!

Da sílaba HUM (ཧཱུྃ) no coração do Lama, luz azul-escuro flui e se dissolve em meu chakra do coração, purificando negatividades e obscurecimentos da mente. Que eu receba o empoderamento da sabedoria e seja abençoado(a) com a mente iluminada!

Da sílaba HOH (ཧོཿ) no umbigo do Lama, luz amarela flui e se dissolve no chakra do meu umbigo, purificando todas as propensões de pensamento conceitual e apego. Que eu receba o quarto empoderamento; que eu seja marcado(a) com os quatro Buddha-kayas e abençoado(a) com a indestrutível sabedoria primordial!

Dissolva toda a visualização enquanto você recita o seguinte verso:

O Lama se derrete em luz e se dissolve em mim. Minha própria mente se torna inseparável da mente Dharmakaya do Lama. Que eu permaneça sem esforço nesse estado não conceitual e natural.

(Tente permanecer nesse estado além de todos os conceitos ordinários por tanto tempo quanto possível.)

(v) Dedicação

Que eu me torne exatamente como vocês, gloriosos Lamas-raiz e de linhagem.
Que meus seguidores, minha longevidade, meu título de excelência e meu reino puro tornem-se exatamente como os seus!
Que por meio do poder das minhas preces a vocês, Todas as doenças, pobreza e conflito sejam pacificados onde quer que estejamos!
Que o precioso Dharma e tudo que seja auspicioso se expanda por todo o universo!

Terceira Parte: As Preliminares Exclusivas de Kalachakra e a Prática Principal

I. Prática de Kalachakra Inato

(i) Visualização

Tendo primeiramente estabelecido a mente de Refúgio e Bodhicitta em sua prática anteriormente, recite:

OM SHUNYATA JNANA VAJRA SVABHAVA ATMAKO HAM
OM, eu consisto da natureza da pura consciência vajra da vacuidade.

Emergindo da vacuidade, eu surjo instantaneamente e espontaneamente como Kalachakra Inato. Eu surjo sobre um solo almofadado formado por um lótus e discos de lua, sol, Rahu e Kalagni*, em cima do topo do Monte Meru e do universo dos quatro elementos. Meu corpo é azul, com uma face, dois braços e três olhos. Eu abraço a consorte Vishvamata e seguro um vajra e um sino na altura do meu peito.

* *Embora Kalagni não apareça no texto, ele foi incluído aqui por uma questão de consistência; não há qualquer explicação clara ou razão pela*

APÊNDICE I — A ESCADA DIVINA

qual ele não deva fazer parte da visualização.

Minha perna esquerda branca está flexionada e pisa o coração do deus branco da criação. Minha perna direita vermelha está estendida e pisa o coração do deus vermelho do desejo. Minha cabeça está adornada com um coque de tranças, uma joia que realiza desejos e uma lua crescente.

Eu estou trajando ornamentos vajra e uma veste inferior de pele de tigre. Meus dedos são de cinco cores diferentes e as três juntas de cada dedo também são de cores diferentes. Vajrasattva está sentado acima do topo de minha cabeça e eu estou em pé no centro de um anel de chamas de cinco cores diferentes. Minha expressão é um misto de fúria e paixão.

Eu sou abraçado por Vishvamata que tem um corpo amarelo, com uma face, dois braços e três olhos. Ela segura uma faca curva em sua mão direita e uma copa de crânio em sua mão esquerda. Com sua perna direita flexionada e sua perna esquerda estendida, nós estamos de pé juntos em união. Ela está nua e adornada com os cinco ornamentos de ossos. Metade de seu cabelo está preso no topo da cabeça e metade cai sobre as costas.

Na fronte de meu Yab-Yum aparece a sílaba OM (ཨོཾ); na garganta AH (ཨཿ); no coração HUM (ཧཱུྃ); no umbigo, HOH (ཧོཿ); no lugar secreto, SVA (སྭ); e no topo da cabeça, HA (ཧ).

Raios de luz emanam do meu coração transformando o universo inteiro em um campo búdico e todos os seres em inumeráveis deidades da mandala de Kalachakra.

(Você pode manter a mente focada unidirecionalmente nessa visualização por tanto tempo quanto você desejar.)

(ii) Repetição do Mantra e Dissolução

Tendo estabilizado a visualização de Kalachakra Inato, visualize o símbolo do mantra de Kalachakra em seu coração sobre um lótus e discos de lua, sol, Rahu e Kalagni. Então recite o mantra enquanto visualiza o símbolo do mantra.

O mantra é visualizado como OM (ॐ), então há um HA (ह) azul, um KSHA (क्ष) verde, um MA (म) multicolorido, um LA (ल) amarelo, um VA (व) branco, um RA (र) vermelho, e um YA (य) preto. No topo há uma lua crescente branca com um sol vermelho sobre ela e um Nāda azul-escuro (como uma pequena chama) se elevando do sol.

OM HA KSHA MA LA VA RA YAM (SVAHA)
(Recite o mantra por tanto tempo quanto quiser.)

A visualização inteira então se desfaz em luz e se dissolve em você.

(iii) Dedicação

Pelo poder dessa virtude, que eu rapidamente atinja o estado de Kalachakra, e conduza todos os seres à iluminação de Kalachakra!

"A Escada Divina – Preliminares e Prática Principal do Profundo Vajra Yoga de Kalachakra", composta por Drolway Gonpo (Taranatha), descreve como os grandes mestres tântricos da linhagem Jonang e seus filhos de coração praticaram e inclui a essência de todas as instruções puras da linhagem.

II. Aspiração para Realizar os Seis Vajra Yogas

OM AH HUM HOH HAM KYA

APÊNDICE I — A ESCADA DIVINA

Que por meio do poder da Natureza Búdica eu cesse o movimento conceitual da minha mente. Que eu experiencie os dez sinais e a mente da clara-luz e atinja o caminho do Yoga do Recolhimento. Eu rezo aos meus salvadores, meu bondoso Lama e os herdeiros da linhagem sagrada. Abençoem-me para que isso se realize!

Que por meio do poder da Natureza Búdica minha fala, vento interno e consciência se tornem inabaláveis. Que minha sabedoria se engrandeça, juntamente com a alegria e bem-aventurança da análise e que eu atinja o caminho do Yoga da Estabilização. Eu rezo aos meus salvadores, meu bondoso Lama e os herdeiros da linhagem sagrada. Abençoem-me para que isso se realize!

Que por meio do poder da Natureza Búdica os dez ventos de lalana e rasana adentrem o avadhuti. Que eu experiencie o fogo ardente de tummo e o derretimento e descida da essência HAM (ཧཾ) do topo de minha cabeça. Que assim eu atinja o caminho do Yoga da Força Vital. Eu rezo aos meus salvadores, meu bondoso Lama e os herdeiros da linhagem sagrada. Abençoem-me para que isso se realize!

Que por meio do poder da Natureza Búdica a essência branca seja retida e estabilizada em minha fronte. Que eu experiencie bem-aventurança inalterável enquanto as essências se derretem e atinja o caminho do Yoga da Retenção. Eu rezo aos meus salvadores, meu bondoso Lama e os herdeiros da linhagem sagrada. Abençoem-me para que isso se realize!

Que por meio do poder da Natureza Búdica todos os meus chakras e canais sejam preenchidos com a essência pura da grande bem-aventurança. Que eu alcance mestria das três gloriosas consortes e atinja o caminho do Yoga da Reunião. Eu rezo aos meus salvadores, meu bondoso Lama e os herdeiros da linhagem sagrada. Abençoem-me para que isso se realize!

Que por meio do poder da Natureza Búdica todos os seis chakras do meu corpo sutil sejam preenchidos com a essência branca da grande e imutável bem-aventurança. Que eu experiencie a inabalável mente não-dualista e atinja o caminho do Yoga da Absorção. Eu rezo aos meus salvadores, meu bondoso Lama e os herdeiros da linhagem sagrada. Abençoem-me para que isso se realize!

Que por meio do poder da Natureza Búdica meu corpo nunca se separe das posturas ióguicas, que minha mente nunca se separe das profundas instruções essenciais do infalível Dharma e que eu realize o caminho dos Seis Vajra Yogas. Eu rezo aos meus salvadores, meu bondoso Lama e os herdeiros da linhagem sagrada. Abençoem-me para que isso se realize!

III. Dedicação

Que por meio dessa virtude todos os seres abandonem as preocupações sem sentido do Samsara, que eles meditem no caminho supremamente significativo do Vajra Yoga e rapidamente desvelem a iluminação de Kalachakra!

Que por meio dessa virtude eu rapidamente atinja os Seis Vajra Yogas e conduza todos os seres sem exceção ao estado iluminado de Kalachakra!

Que por meio dessa virtude todos os seres completem a acumulação de mérito e sabedoria primordial e assim atinjam os dois Buddha-kayas!

QUARTA PARTE: DOIS GURU YOGAS ADICIONAIS

I. Guru Yoga de Dolpopa: Chuva de Bênçãos para os Seis Yogas da Linhagem Vajra

<u>(i) Visualização</u>

APÊNDICE I — A ESCADA DIVINA

Kunkyen Dolpopa aparece na sua frente na forma de Vajradhara azul, rodeado por todo o campo de mérito. Olhando em sua direção, seu olhar está cheio de grandioso amor.

NAMA SHRI KALACHAKRAYA
Eu tomo refúgio com vívida fé no Lama, no Yidam e nas Três Joias.
(Repita essa linha três vezes.)

Que eu possa gerar amor, compaixão, alegria e equanimidade incomensuráveis para com todos os seres!
Que eu pratique diligentemente o profundo caminho do Guru Yoga para o bem de todos os seres!
Que todas as aparências impuras e temporárias se dissolvam na vacuidade.

Sentado em um trono acima de minha cabeça, sobre um assento de cinco camadas feito de um lótus, disco de lua e assim por diante, meu Lama-raiz aparece como o grande Vajradhara. Seu corpo é azul e tem uma face e dois braços.

Ele está sentado na posição de lótus completa. Ele está vestido com elegantes trajes de seda e seu corpo está adornado com joias preciosas e ornamentos de ossos. Ele segura um vajra e um sino cruzados na altura de seu coração.

Os quatro centros de seu corpo estão marcados com as quatro sílabas, raios de luz emanam da sílaba HUM (ཧཱུྃ) em seu coração, invocando todos os Lamas raízes e da linhagem juntamente com todo o campo de refúgio.

DZAH (ཛཿ) HUM (ཧཱུྃ) VAM (ཝཾ) HOH (ཧོཿ)
Ele se torna inseparável deles.

(ii) Súplica ao Lama

Precioso Lama, eu presto homenagem ao seu corpo, fala e mente. Seu corpo é adornado com marcas e sinais imutáveis e perfeitos. Sua fala ininterrupta, como a de Brahma, permeia as dez direções. Você habita na mente inequívoca do grande selo.

Eu me prostro a você que é a corporificação dos trinta e seis Tathagatas, desvelados quando os trinta e seis agregados são perfeitamente purificados através dos Seis Vajra Yogas tais como Recolhimento e assim por diante.

Eu ofereço com alegria e intenção pura um oceano inconcebível de oferendas de Samantabhadra, incluindo todas as virtudes de corpo, fala e mente reunidas durante os três tempos!

Eu abertamente confesso todas as minhas negatividades acumuladas através de corpo, fala e mente, e rezo para que elas sejam purificadas. Eu me regozijo em toda virtude! Eu peço de todo o coração que você gire a roda do Dharma sem cessar! Eu imploro que você permaneça para sempre no Samsara para o bem de todos os seres!

Eu rezo ao meu glorioso Lama. Sua natureza é inseparável dos quatro Buddha-kayas. Você é o chefe de todos os detentores vajra, tendo completado as três acumulações e atingido os doze caminhos. Por favor, me abençoe!

Eu rezo ao meu glorioso Lama. Você realizou completamente as cinco sabedorias e transformou completamente os oito objetos de concepção dualista ao permanecer por um único instante na consciência primordial não-dual. Por favor, me abençoe!

Eu rezo ao meu glorioso Lama. Sua atividade iluminada é una com a atividade de todos os Lamas, liberando e amadurecendo discípulos afortunados através das doze realizações empoderadas dos estágios de geração e completude. Por favor, me abençoe!

APÊNDICE I — A ESCADA DIVINA

Eu rezo ao meu glorioso Lama. Você é uno com todos os Yidams, seus agregados são as seis famílias búdicas, suas consciências são os oito Bodhisattvas, seus braços, pernas e assim por diante são a assembleia de deidades iradas. Por favor, me abençoe!

Eu rezo ao meu glorioso Lama. Você é uno com todos os Buddhas, sua natureza é o magnificente Corpo da Verdade, você levou as duas acumulações à perfeição e manifesta incalculáveis emanações para o benefício dos seres. Por favor, me abençoe!

Eu rezo ao meu glorioso Lama. Você é uno com todos os Dharmas imaculados, você se manifesta como os ensinamentos e textos de significado definitivo, você nos conduz à profunda e indescritível verdade. Por favor, me abençoe!

Eu rezo ao meu glorioso Lama. Você é uno com todos os grandes senhores da Arya Sangha que residem nos dez níveis de Bodhisattva, tendo atingido completa liberação e realização; você é o imaculado amigo virtuoso, um refúgio para todos os seres. Por favor, me abençoe!

Eu rezo ao meu glorioso Lama. Você é uno com todos os protetores do Dharma que eliminam todos os inimigos e obstáculos pelo poder de sua compaixão não-dual. Por favor, me abençoe!

Eu rezo ao meu glorioso Lama. Você é a origem de todos os siddhis, conferidor tanto de realizações comuns quanto supremas, uma vez que você alcançou mestria nas ações de pacificar, expandir, controlar e subjugar. Por favor, me abençoe!

Eu rezo ao meu glorioso Lama. Você dissipa toda a escuridão enquanto remove as visões errôneas por meio da composição, debate e explicação dos sutras, tantras, tratados e instruções essenciais. Por favor, me abençoe!

Ao beber do néctar de sua preciosa instrução do Dharma sobre o significado profundo, que desse dia em diante eu siga o Lama como uma sombra. Que meu glorioso Lama me abençoe para que isso se realize!

Sem consideração por comida, roupa e luxos, tendo abandonado meios de vida errôneos e impuros, que eu possa provar do néctar do Dharma com a ponta da minha língua. Que meu glorioso Lama me abençoe para que isso se realize!

Desse dia em diante que eu permaneça em um lugar isolado, meditando unifocadamente sobre o significado profundo, de modo que eu alcance o grande selo da liberação nesta mesma vida. Que meu glorioso Lama me abençoe para que isso se realize!

Que eu possa ver as quatro sílabas nos chakras do corpo do Lama como os quatro Buddha-kayas.
Que eu possa receber os quatro empoderamentos ao focá-las.
Que meu glorioso Lama me abençoe para que isso se realize!

(iii) Recebendo os Quatro Empoderamentos

Do OM (ॐ) na fronte do meu Lama, um OM (ॐ) branco se irradia e se dissolve no meu próprio chakra da fronte. Que através desse poder eu possa receber o Empoderamento do Vaso. Que meu glorioso Lama me abençoe para que isso se realize!

Que por meio desse poder eu possa purificar os obscurecimentos do corpo e do estado de vigília, experienciar as Quatro Alegrias e revelar o Corpo de Emanação Vajra. Que meu glorioso Lama me abençoe para que isso se realize!

Do AH (ཨཱཿ) na garganta do meu Lama, um AH (ཨཱཿ) vermelho se irradia e se dissolve no meu próprio chakra da garganta. Que através desse poder

APÊNDICE I — A ESCADA DIVINA

eu possa receber o Empoderamento Secreto. Que meu glorioso Lama me abençoe para que isso se realize!

Que por meio desse poder eu possa purificar os obscurecimentos da fala e do estado de sonho, experienciar as Quatro Alegrias Excelentes e revelar o Corpo de Deleite da Fala Vajra. Que meu glorioso Lama me abençoe para que isso se realize!

Do HUM (ཧཱུྃ) no coração do meu Lama, um HUM (ཧཱུྃ) preto se irradia e se dissolve no meu chakra do coração. Que através desse poder eu possa receber o Empoderamento da Sabedoria Primordial. Que meu glorioso Lama me abençoe para que isso se realize!

Que por meio desse poder eu possa purificar os obscurecimentos da mente e do estado de sono profundo, experienciar as Quatro Alegrias Supremas e desvelar o Corpo Dharmakaya da Mente Vajra. Que meu glorioso Lama me abençoe para que isso se realize!

Do HOH (ཧོཿ) no umbigo de meu Lama, um HOH (ཧོཿ) amarelo irradia adiante e se dissolve no meu chakra do umbigo. Que através desse poder eu possa receber o Sagrado Quarto Empoderamento. Que meu glorioso Lama me abençoe para que isso se realize!

Que por meio desse poder eu possa purificar as propensões de apego, experienciar as Quatro Alegrias Inatas e desvelar a Sabedoria Vajra Primordial da vacuidade bem-aventurada. Que meu glorioso Lama me abençoe para que isso se realize!

O Lama no topo de minha cabeça se desfaz em luz e se dissolve em mim. Ele permanece no centro de um lótus de oito pétalas em meu coração. Que meu glorioso Lama me abençoe para que isso se realize!

(Medite no estado natural da inseparabilidade de sua própria mente e da

mente do Lama, o grande Corpo da Verdade Dharmakaya, e permaneça no estado não-conceitual de Dharmadhatu por tanto tempo quanto possível).

(iv) Dedicação

Que por meio dessa prática todos os seres possam purificar todas as suas máculas e obstáculos e rapidamente alcançar a essência do Tathagata.

Que eu não deixe surgir, nem mesmo por um instante, visões errôneas a respeito das aparências liberadoras do glorioso Lama. Com uma devoção que vê tudo que ele faz como excelente, que as bênçãos do Lama adentrem minha mente.

Que em vidas futuras eu nunca me separe de meu glorioso Lama.
Que eu nunca me separe da alegria de praticar o precioso Dharma.
Que eu realize todos os Bhumis e caminhos iluminados e rapidamente atinja o estado de Vajradhara.

"Guru Yoga – Chuva de Bênçãos para os Seis Yogas da Linhagem Vajra" foi composto pelo Senhor do Dharma Kunkyen Dolpopa Sherab Gyaltsen. Que conduza à virtude e boa fortuna!

II. Guru Yoga de Taranatha: A Âncora para Coletar Siddhis

(i) Visualização

Jetsun Taranatha aparece na sua frente na forma de Vajradhara azul, rodeado por todo o campo de mérito. Olhando em sua direção, seu olhar está cheio de grandioso amor.

OM SVASTI. O Guru Yoga da Âncora para Coletar Siddhis.

APÊNDICE I — A ESCADA DIVINA

Eu fervorosamente presto homenagem ao glorioso Lama. Todos os fenômenos são apenas aparências na mente. Minha própria mente é de uma natureza clara e vazia, além de palavras. Quaisquer que sejam as aparências, elas nunca estão separadas da autoconsciência sempre presente momento a momento.

OM SHUNYATA JÑANA VAJRA SVABHAVA ATMAKO HAM

Minha mente em seu estado natural é o reino puro de Akanishta. No centro desse reino puro está um palácio radiante e nele meu glorioso Lama está sentado sobre um lótus e discos de sol e lua, que descansam sobre um trono sustentado por leões.

(Por uma questão de consistência, os discos de rahu e kalagni também podem ser visualizados aqui.)

Meu glorioso Lama é radiante como uma montanha de ouro refletindo cem mil raios de sol. Ele está contente e sorri para mim.

Acima do meu Lama os mestres da linhagem aparecem miraculosamente, rodeados por Herukas tais como Vajravarahi e nuvens de Yidams. Buddhas e Bodhisattvas das dez direções aparecem no espaço diante de mim e gloriosas emanações de Arhats ocupam o solo. Eles estão rodeados por Dakinis e protetores do Dharma oniscientes com seus séquitos, posicionados para obedecer qualquer instrução do Lama.

A assembleia inteira está em vibrante movimento como relâmpagos e nuvens de tempestade, preenchendo todo o espaço e as terras circundantes. Todos esses seres têm corpos radiantes; suas aparências variam de acordo com os seres a serem pacificados; eles expõem os ensinamentos Mahayana incessantemente e suas mentes permanecem na clara-luz da grande bem-aventurança enquanto eles realizam oceanos de atividades virtuosas.

Tudo isso não é senão uma manifestação significativa do glorioso Lama, assim como todas as aparências do Samsara e Nirvana não são outra coisa que uma exibição miraculosa da sabedoria primordial do Lama.

(ii) Súplica ao Lama

Eu ofereço meu corpo, minhas posses, todas as virtudes dos três tempos e cada objeto de oferenda concebível de todas as terras puras das dez direções. Eu ofereço tudo o que minha mente possa conceber com aspiração pura: todos os seres dos seis reinos incluindo adversários, amigos e parentes, se estendendo aos recantos mais remotos do espaço, junto com cada objeto digno de oferenda de todos os três reinos. Através da minha força de visualização e prece, eu manifesto todos esses incontáveis objetos de oferenda, inconcebíveis e magnificentes.

Todos esses tesouros de oferenda se manifestam da consciência primordial dos Buddhas, Bodhisattvas e Dakinis que aparecem nos três tempos e dez direções. Todas essas manifestações inumeráveis e inconcebíveis não são senão a exibição gloriosa da mente do Lama, inseparável de minha própria mente, a exibição não nascida do Dharmakaya.

Precioso Lama, você corporifica todos os Buddhas.
Precioso Lama, você corporifica todo o Dharma.
Precioso Lama, você corporifica toda a Sangha.

Supremo Rei do Dharma, você corporifica todos os Lamas.
Você corporifica todos os Yidams, enquanto todas as Dakinis e protetores do Dharma se manifestam como seus séquitos. Eu rezo a você Vajradhara, por favor me abençoe e a todos aqueles que têm fé em você!

Glorioso Lama, você é Vajradhara no reino puro do Corpo de Deleite. Você é o Heruka irado quando subjuga todos os males. Você é Shakyamuni para os seres com pura renúncia. Você é o grande sábio para os ascetas.

APÊNDICE I — A ESCADA DIVINA

Para aqueles que seguem o caminho dos três veículos, você se manifesta como o Bodhisattva, o Pratyeka e o grande Shravaka. Você também aparece na forma de Brahma, Vishnu, Senhor Shiva e todos os outros sábios e santos.

Às vezes você aparece na posição de um rei, outras vezes como yogi ou asceta. Para outros você aparece como um puro monge com vestes simples. Eu rezo a você, aquele que realiza grandes e vastos feitos de acordo com as necessidades de cada ser. Assim como os pensamentos e aspirações de todos os seres são inconcebíveis, assim também é a vastidão e profundidade de seus ensinamentos.

Assim como arco-íris e nuvens aparecem no céu, surgindo, permanecendo e então se dissipando de volta no céu, você é o Dharmakaya, corpo da realidade da iluminação, livre de todos os extremos, realizando grandes feitos espontaneamente e sem esforço. Mesmo que você aja de forma a atender as necessidades dos seres, você habita no estado expansivo de Dharmadhatu, cristalino, autoconsciente e não-dual.

Você está além de nascimento e morte, ir e vir, perto e distante. Eu rezo a você, corpo prístino da realidade da iluminação. Eu presto homenagem do fundo de meu coração com devoção incessante!

Eu tomo refúgio em você, corporificação de todas as fontes de refúgio.
Eu ofereço incontáveis objetos virtuosos enquanto permaneço ciente de sua natureza vazia.
Eu confesso e purifico todas as minhas negatividades mesmo que sua natureza seja vazia desde o princípio.
Eu me regozijo com a virtude de todos os seres no Samsara e Nirvana.
Que o som vazio de seus ensinamentos nunca cessem.
O Dharmakaya, corpo da realidade da iluminação, está além de nascimento e morte. Que você gire a roda do precioso Dharma incessantemente.

Que você permaneça para sempre pelo bem de todos os seres.
Eu dedico todas as minhas virtudes de modo que minha mente possa se tornar inseparável da sua, oh sagrado Lama.
Que todos os seres atinjam a iluminação suprema!

Glorioso Drolway Gonpo, libertador de todos os seres, por favor me abençoe com seu corpo, fala e mente. Conceda-me os Quatro Empoderamentos neste mesmo instante!

(iii) Recebimento dos Quatro Empoderamentos

Que meu corpo se transforme na inata bem-aventurança.
Que minha fala se transforme com o poder do mantra.
Que meu coração se transforme na sabedoria da clara-luz!
Lama perfeito, eu rezo a você para que me abençoe neste mesmo instante.

Raios de luz se irradiam da fronte, garganta, coração e umbigo do Lama e então se dissolvem em meus quatro chakras, concedendo-me os Quatro Empoderamentos do Corpo, Fala, Mente e Sabedoria Primordial Vajra!

Que eu receba o Empoderamento do Vaso.
Que eu receba o Empoderamento Secreto.
Que eu receba o Empoderamento da União da Grande Bem-aventurança e Sabedoria.
Que eu receba o Sagrado Quarto Empoderamento do grande selo além de conceitos!

Grandioso Rei do Dharma, eu não confio em ninguém além de você.
Você é meu único refúgio verdadeiro.
Assim como a água que é derramada na água,
Que eu me dissolva em união inseparável contigo!

Que o Lama se derreta na essência do néctar e preencha meus quatro chakras, concedendo a mim empoderamento.

(Medite no Lama natural, o Dharmakaya, corpo da realidade da iluminação, inseparável de sua própria mente, e permaneça nesse estado natural além de todos os conceitos.)

(iv) Dedicação

Que em todas as minhas vidas futuras eu possa nascer em uma excelente família,
Com uma mente clara, livre de orgulho, com grande compaixão e fé no Lama.
Que eu possa manter meus compromissos com o Glorioso Lama.

Que eu não deixe surgir, nem mesmo por um instante,
Visões errôneas a respeito das aparências liberadoras do glorioso Lama.
Com uma devoção que vê tudo que ele faz como excelente,
Que as bênçãos do Lama adentrem minha mente.

Em vidas futuras que eu nunca me separe do meu glorioso Lama.
Que eu nunca me separe da alegria de praticar o precioso Dharma.
Que eu realize todos os Bhumis e caminhos iluminados e rapidamente atinja o estado de Vajradhara.

Esse é o Guru Yoga perfeito que habilita a alcançar o Estado Búdico em uma única vida. Não tenha dúvidas. Composto por Jetsun Taranatha aos 29 anos de idade.

Sobre o Autor

Khentrul Rinpoche é um Mestre não-sectário do Budismo Tibetano. Ele devotou sua vida a uma ampla variedade de práticas espirituais, estudando com mais de 25 mestres de todas as principais tradições tibetanas. Embora ele tenha respeito e apreciação genuínos por todos os sistemas espirituais, ele tem a maior confiança e experiência em seu caminho pessoal do Tantra de Kalachakra, como ensinado na Tradição Jonang-Shambhala.

O Rinpoche traz uma mente afiada e inquisitiva para tudo o que ele faz. Seus ensinamentos são tanto diretos quanto acessíveis, frequentemente enfatizando uma sensibilidade bastante pragmática. Ao longo dos anos, o Rinpoche escreveu uma variedade de livros para guiar seus estudantes. Ele fez especificamente um grande esforço para traduzir e prover comentário aos textos que apresentam os estágios graduais do Caminho Kalachakra.

O Rinpoche acredita que nosso mundo tem definitivamente o potencial de desenvolver paz e harmonia genuínas, ao mesmo tempo preservando nosso meio ambiente e nossa humanidade. Essa Era Dourada de Shambhala é possível através do estudo e prática do Sistema Kalachakra. Para esse fim, o Rinpoche começou a viajar o mundo para partilhar seu conhecimento a respeito dessa linhagem única, livre de preconceito sectário.

A Visão do Rinpoche

O Tibetan Buddhist Rimé Institute foi fundado com o propósito expresso de apoiar Khentrul Rinpoche na realização de sua visão de maior paz e harmonia neste mundo. Como nossa comunidade continua a crescer e a se desenvolver, mais e mais pessoas estão se envolvendo com esse esforço extraordinário.

Para dar a você uma noção do escopo da visão do Rinpoche, nós podemos falar de oito objetivos que refletem as prioridades de curto e longo prazo do Rinpoche:

Metas Imediatas

Em última instância, felicidade genuína e duradoura só é possível por meio de profunda transformação pessoal. Agora mais do que nunca, nós precisamos de métodos para desenvolver nossa sabedoria e realizar nosso potencial maior. É por essa razão que o Rinpoche coloca tanta prioridade na preservação da Linhagem Jonang de Kalachakra. O Rinpoche se propõe a fazer isso de quatro maneiras:

1. **Criar oportunidades de conexão com uma linhagem de Kalachakra autêntica e completa, em colaboração próxima com meditadores dedicados no remoto Tibete.** Nosso objetivo é criar todo o suporte para se praticar o Kalachakra de acordo com a linhagem autêntica de mestres que têm mantido essa tradição por milhares de anos. Nós fazemos isso encomendando estátuas e pinturas, escrevendo livros e dando ensinamentos ao redor do mundo. Nós colocamos ênfase particular em assegurar a autenticidade de nossos materiais, nos valendo da profunda experiência de meditadores altamente realizados que estão dedicando suas vidas a essas práticas.

2. **Estabelecer centros de retiro internacionais para o estudo e prática de Kalachakra.** Para poder integrar os ensinamentos em nossas mentes, é crucial ter a oportunidade de se engajar em períodos de prática intensiva. Portanto, nós estamos trabalhando para criar a infraestrutura necessária que apoiará e nutrirá membros de nossa comunidade a se engajar tanto em retiros de curta quanto de longa duração. Isso inclui a aquisição de terra e construção de tudo que seja necessário para conduzir retiros solitários e de grupo. Nosso objetivo a longo prazo é desenvolver

SOBRE O AUTOR

uma rede de tais centros pelo mundo, formando uma comunidade global que apoie uma grande variedade de praticantes.

3. **Traduzir e publicar os textos especiais e raros dos mestres de Kalachakra.** O Sistema Kalachakra tem sido o objeto de incontáveis textos no curso da longa história do Tibete. Até agora, apenas uma pequena fração desses textos foi traduzida e disponibilizada no Ocidente. Embora os textos teóricos sejam importantes, nós focamos particularmente nas instruções essenciais que guiarão os praticantes dedicados a uma experiência mais profunda desses ensinamentos.

4. **Desenvolver ferramentas e programas para uma experiência de aprendizado estruturada.** Com grupos de estudantes espalhados pelo mundo, nós acreditamos que é importante tirar o maior proveito das tecnologias modernas para facilitar o processo de aprendizado de nossos estudantes. Nosso objetivo é desenvolver uma plataforma educacional online robusta que permita nossa comunidade internacional acessar programas de estudo de qualidade que sejam intuitivos, estruturados e atrativos.

Metas de Longo Prazo

Enquanto nós trabalhamos para alcançar a paz e harmonia supremas em nossas mentes, nós não devemos perder de vista o fato de que nós existimos no contexto de um mundo com uma grande diversidade de indivíduos. Esses indivíduos dão surgimento a uma ampla gama de crenças e práticas que por sua vez moldam a forma como nos relacionamos e interagimos uns com os outros. Nessa realidade interdependente é vital encontrar estratégias viáveis para promover maior tolerância e respeito. Para esse fim, o Rinpoche propõe quatro áreas específicas de atividade:

1. **Promover o desenvolvimento de uma Filosofia Rimê por meio do diálogo com outras tradições.** Com o desejo de sermos membros construtivos de uma sociedade plural, nós precisamos aprender formas de reconciliar nossas diferenças. Para esse fim, nós visamos ajudar as pessoas a desenvolverem qualidades positivas que promovam uma atitude de respeito mútuo, abertura a novas ideias e um desejo inquisitivo de vencer nossa ignorância.

2. **Desenvolver modelos altamente realizados oferecendo suporte financeiro a praticantes dedicados.** Para poder assegurar a autenticidade de nossas tradições espirituais, é imperativo que existam pessoas que efetivem as mais altas realizações. Portanto, nós visamos criar um programa financeiro de bolsas de estudos que apoie praticantes genuínos que desejam dedicar suas vidas ao desenvolvimento espiritual, a despeito do seu sistema de prática. Ao ajudar as pessoas a realizar os ensinamentos, elas se tornam modelos positivos para aqueles ao seu redor, inspirando e guiando as futuras gerações.

3. **Realizar o grande potencial de praticantes femininas desenvolvendo programas de treinamento especializados.** A cultura tibetana tem uma longa história de cultivo de mestres altamente realizados por meio do treinamento intensivo daqueles que são reconhecidos como tendo grande potencial. Infelizmente, muito frequentemente a busca por potencial foi focada apenas em candidatos masculinos. O Rinpoche acredita que é cada vez mais importante ter modelos femininos fortes, altamente realizados, que possam ajudar a trazer maior equilíbrio ao nosso mundo. Por essa razão, nós estamos trabalhando para desenvolver um programa exclusivo de treinamento para prover às mulheres a oportunidade de realizar seu potencial espiritual. É nosso objetivo conceber um currículo específico assim como estrutura financeira para apoiar completamente todos os aspectos de sua educação.

4. **Promover maior flexibilidade de mente e uma compreensão mais ampla da realidade através de programas educacionais modernos.** Num mundo que está rapidamente evoluindo, nós precisamos repensar os tipos de habilidades que nós estamos ensinando a nossas crianças. As estruturas rígidas do passado são frequentemente mal equipadas para preparar os estudantes para os desafios que eles enfrentarão em suas vidas. Portanto, nós visamos desenvolver uma variedade de programas educacionais que possam ajudar as crianças a se tornarem mais flexíveis e mais capazes de se adaptar a seus contextos. Uma parte importante desses programas é o desenvolvimento de uma maior conscientização do papel que nossas mentes desempenham nas nossas experiências diárias. Nós também visamos trazer reformas ao sistema monástico de educação que ajudariam a torná-lo mais relevante para esse mundo moderno.

Como você pode ajudar?

Nada disso será possível sem seu apoio e participação. Essa visão necessitará de uma quantidade vasta de mérito e generosidade de múltiplos benfeitores ao longo de muitos anos. Se você gostaria de ajudar, então por favor não hesite em nos contatar.

DZOKDEN
office@dzokden.org
www.dzokden.org

www.ingramcontent.com/pod-product-compliance
Lightning Source LLC
Chambersburg PA
CBHW071232070526
44583CB00017B/2145